IMPRESS NextPublishing

フリーランスの休みかた

曽田照子＝著

〝自由（フリー）〟がしんどくなってきたあなたへ―

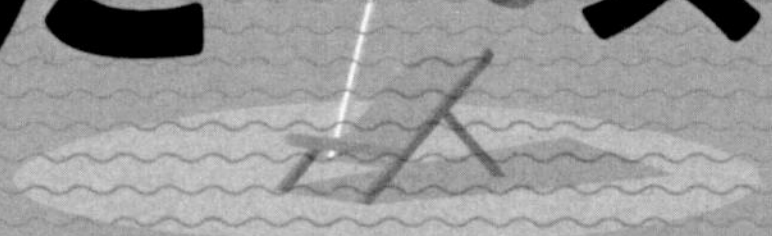

仕事が減る不安から解放される41のヒント

インプレス

はじめに

「フリーランスは自由、だからいつでも休める」

多くの人がそう思っています。

でも逆ですよね? 実際は「フリーランスは自由、だからいつまでも休めない」という状態ではないでしょうか。

はじめまして、ライターの曽田照子《そだてるこ》と申します。

フリーライターとして約30年、書籍やインタビューなどの記事を書いています。

私自身も長年フリーランスとして働いてきて、休むことの難しさを痛感していました。

いつでも自由に働ける反面、収入（＝仕事）が続く保証はありません。どんなに今は忙しくても、明日は、来月は、3ヶ月後は分からない……。そのため「休んでしまったら次の仕事が来なくなるかもしれない」という不安がぬぐえません。そうなると働き続けるのを自分の意志でストップするのはとても難しいのです。

では順調に仕事が入って、次もその次の仕事も決まっていて、収入が安定してきたら休めるのでしょうか？　いいえ、そうなっても、なかなか休めません。

フリーランスは一人で仕事の進行を管理しなければなりません。スケジュールを予定通り進める責任がずしんと重くのしかかっているため、休もうにも休めないのです。「ある程度収入は得られるようになったけれど、結局ずっと働き詰めになっている」というフリーランスも少なくありません。

仕事ばかりで辛いでしょう……と思われるかもしれませんが、そうでもないのです。

私もそうですが、フリーランスで働く人の多くは「やりたいこと」「好きなこと」を仕事にしています。だから、仕事をするのが苦ではない、というか好きだから、大変でも充実感があり、ある意味楽しい、のではないでしょうか。

しかし、その充実感や楽しさがクセモノなのです。

充実感や楽しさという報酬があるせいで、多少大変でも寝食を忘れて熱中したり、ついつい長時間にわたって仕事をしてしまったりしてしまうのです。

だからといって人間は、休まず仕事をし続けられるようにはできていません。休まないと疲れて仕事の効率が落ち、心や体に悪影響を及ぼすなどさまざまな弊害があります。

私も、仕事に熱中するあまり全く休めなくて体調をくずしたことが何度かありました。ほかにも、寝不足で変な原稿を提出してしまったり、イライラが止まらず家族に八つ当たりをしてしまったり……。

そんな失敗を何度かくり返した経験から、私は「休むこと」を真剣に考えるようになりました。

でも、最初のうちは、休むことに対する不安が大きかったり、休んでいるつもりが休めていなかったり、休みすぎてキャッシュフロー（お金の流れ）が悪くなって慌てたり……色々失敗もありました。

おかげでここ数年は「少しはうまく休めるようになったかな？」と思えるようになりました。

「休むこと」は決してなまけることではありません。

むしろ、心と体をリセットし、長く健康的に仕事を続けるための戦略のひとつです。

意識的に休む時間を設けることで、仕事に対する意欲が高まり、新しいアイデアが湧いてきます。

「休むこと」は、フリーランスが持続的に良い仕事をするための大切な要素なのです。

……と分かっていても、実際はなかなか難しい、ですよね？

だから私は、私のように休み下手なフリーランスのために、この本を書こうと決意したのです。


物理的にも精神的にも休みは必要です。しかしフリーランスとして働いていると、休むのが難しい。ではどうしたらいいのか？

スケジュールを工夫しながら、少しずつでも心と体を休ませ、リフレッシュする方法を考え、試し、自分に合った休みかたを発見し続けながら、実践してみることだと思うのです。


この本では、フリーランスの人が自分に合った休みかたを見つけ、より健康的で充実した働きかたを実現できるよう、私が体験から得た考えかたや方法を紹介しています。

フリーランスとして仕事を長く続けるには、心は柔軟に、身体はタフであらねばなりません。

そしてそのためには、自分らしくバランスを整える「休みかた」を見つけることが必須です。

この本が、あなたにとって、よりよい「休みかた」を考えるきっかけとなれば幸いです。

この本で扱うフリーランスとは

一般的に「フリーランス」とは、案件ごとに契約を結び、柔軟な働きかたを選ぶ人を指します。

この本でも、企業や個人と案件ごとに契約を結び、自らの裁量で柔軟な働きかたをする人を「フリーランス」と考えています。

執筆にあたっては、私自身が個人事業主のライターであることから、おもに在宅で締め切りに追われる仕事をする人を読者として想定しています。

たとえば、ライター、デザイナー、イラストレーター、編集者、エンジニア、翻訳家、漫画家、プロデューサー、動画クリエイター、アーティストなど……多岐にわたる職種の人々です。

また本書では本業、副業であるかどうかは問いません。

副業フリーランスは、「会社」と「副業」という2つのクライアントを持ち、それぞれの役割に応じて働くフリーランスとも位置づけられるでしょう。

どんな職種、どんな働き方であれ、フリーランスの「休めない」「休みかたが分からない」という悩みは共通です。できるだけたくさんの人にあてはまるように心がけて書いています。

これからフリーランスになりたい皆さんへ

本書を手にとった人の中には、「これからフリーランスとして働きたい」と考えている人もいるのではないでしょうか。

まだフリーランスとして働いていない段階で「休みかた」を考えるのは気が早いかも？と思うかもしれません。

でも、会社に就職するときに福利厚生を調べるように、フリーランスになるにあたって休めるかどうかを考えるのは、当然だと私は思います。休むスキルを早い段階で身につけておけば、仕事が軌道に乗った後も無理なく働き続けることができるでしょう。

現在は会社員として働いている人、副業を始めようと思っている人、子育てや家事をしながら家庭の中で過ごしている人、あるいは学校を卒業したばかりの学生さんや、定年後のセカンドキャリアを模索中の人もいるでしょう。

いきなりフリーランスとして一本立ちするのではなく、現状を維持しながら、少しずつ慣れていく方法もあります。たとえば、家事や育児をしながら短時間の仕事を受けてみたり、定年後のスキルを活かして新しい分野に挑戦するのもいいでしょう。

本書では、フリーランスが「どう休むか」を軸に、より健康的で充実した働きかたを模索するヒントを紹介しています。これからフリーランスとして働きたいと考えている皆さんにとっても役立つものと確信しています。

本書の構成

この本はおおむね次のような構成になっています。

1章でフリーランスのあなたが休めないのはなぜか、チェックリストなどを使って現状を考察します。

2章では、休むための働きかたを考えます。フリーランスにとって、働くと休むはコインの裏表のようなものだからです。

3章では休みのとりかたを考えます。自分で休みを決められるフリーランスにとって、いつ休むのか休むタイミングはとても重要です。

4章では休みの日の過ごしかたについて書いています。休めているようで休めていない行動などについても触れています。

5章は睡眠について考える章です。休みというテーマの中でも最重要項目かもしれません。

そして終章では、休みからの復帰の仕方についても触れています。


どこから読んでいただいても構いません。最初から読んでいただいても、興味あるところだけ拾い読みしていただいてもいいように、ひとつの項目内で完結するよう書いてあります。

また、忙しいフリーランスが簡単に要点をつかめるよう、各項目に【POINT】として、ごくかんたんに内容をまとめています。

はじめに　2

1章　フリーランスが休めない3大理由

01　休めない3つの理由　18
02　「休めない」が引き起こす悪影響　24
03　過労死ラインは何時間？　29
04　成果主義になると休めない　33
05　休みは「停止」ではなく「投資」　36
06　休むことへの罪悪感とどう付き合うか　40
07　体調が悪いときは回復するまで休もう　44
08　休みたいけれどお金の不安があるときは　49

2章　休むために、働きかたを考える

09　休みと仕事はコインの裏表　58
10　どのくらい働いているか「見える化」する　60
11　シャドウワークの時間も「仕事」時間に含めて考える　63
12　定時の就業時間を決めてみる　67
13　休むために前倒しで仕事する　70
14　休めない本当の理由は「単価」ではないですか？　74
15　休みの間つい仕事のことを考えちゃうときは　78
16　休めないことを気に病まない　80

3章　いつ休む？　どうやって休みをゲットする？

17 働くタイミングも休むタイミングも自分次第 84
18 年末年始やお盆、GW《ゴールデンウィーク》、週末、休むべきか働くべきか？ 86
19 クライアントと休みを合わせるか、わざとずらすか 89
20 「この仕事が終わったら」は死亡フラグ 92
21 休みのマイルールを決める 94
22 スケジュールに組み込んで休みを確保しよう 97
23 アラームやタイマーで休憩時間をお知らせする 102
24 家族や仕事関係者に宣言しておけば休みやすい 106
25 「休みます」のクライアントへの伝えかた 108
4章 フリーランスは「休み」をどう過ごすか

26 休んでいるようで休めていない行動に注意 114
27 身体と脳とメンタル、どれを休ませるかを意識する 120
28 パッシブとアクティブ、どちらも休み 128
29 おやつとお昼はどう過ごす？ 133
30 短時間でも回復する仕事の合間の休憩 136
31 休みの日の過ごしかた 139
32 「次の休みにやりたいことリスト」を作っておく 144
33 運動の時間を意識的に確保しよう 147
34 キャリアアップにつながる勉強をする 152
35 孤立しないために、趣味・サードプレイス・仲間作りを考える 157

5章　睡眠は、しっかりとりたい

36　睡眠不足のデメリット　164
37　タイムスケジュールと睡眠の確保　170
38　よく眠るためのルーティン　174
39　パワーナップ（積極的仮眠）をする　178
40　横になっても寝つけない夜は　183

終章　休んだあとも、案外大事

41　休み明け、仕事にスムーズに復帰するには？　188
おわりに　193

1章　フリーランスが休めない3大理由

01　休めない3つの理由

この章では、フリーランスとして働くあなたがどうして休めないのか、その理由をひもといていきましょう。

フリーランスが休めないおもな理由は次の3つに分類できると私は考えます。

A　不安で休めない

B　スケジューリングが苦手で休めない

C　仕事が好きで休めない

あなたの「休めない」はどのタイプでしょうか?

チェックリストを作ってみました。あてはまる番号をチェックして別表のA・B・Cの数をカウントしてください。

1. お金のことが心配で休めない
2. 自分のスキルに自信がない
3. ３カ月生活できるだけの貯金がない（もっと言えば借金もある）
4. まだフリーランスとしてキャリアが短い
5. 好きなこと＝仕事なので毎日が楽しい
6. フリーランスはやっぱりかっこいいと思う
7. 仕事に熱中して食事を抜いてしまうことがある
8. 依頼が来たら「はい！」「ＹＥＳ！」「喜んで」のどれかで答える
9. 体力には結構自信がある
10. どっちかというと夜型だｏｒどう考えても夜型だ
11. 子育てや介護など家のことが結構大変
12. ほかのフリーランスや同業者と比較してしまい、焦って仕事を増やしてしまう
13. 休むと「次の仕事が来なくなるかもしれない」と不安になる
14. 休むとなまけているようで、罪悪感がある
15. 長期の休みをとると、仕事の感覚が鈍るのが怖い
16. 締め切り直前に焦って仕事をすることがある
17. 書店に行くとついつい専門書や資料を買い込んでしまう

1	A	10	B
2	A	11	B
3	A	12	A・B
4	A・B	13	A
5	C	14	A・B
6	B・C	15	A・C
7	C	16	B
8	B・C	17	C
9	C		

ＡＢＣのどれが一番多いかでタイプが分かれます。

Ａが多い人→「不安で休めない」タイプ
Ｂが多い人→「スケジューリングが苦手で休めない」タイプ
Ｃが多い人→「仕事が好きで休めない」タイプ

ちなみに複数あてはまる場合は、混合タイプです。

ＮＯが多く、ＹＥＳが２つ以下の人は、しっかり休めているということになります。ぜひこれからもそのペースを守ってくださいね。

それぞれのタイプの傾向を見てみましょう。

Ａ・不安で休めないタイプ

フリーランスの「自由」は、将来への不安や、「今休んだら次の仕事が来なくなるかもしれない」という焦りとバーターです。

長くフリーランスを続けていても、不安や焦りが完全に消えることはありません。だからこそ、不安に振り回されず、安心して休める環境を整えていきましょう。

B・スケジューリングが苦手で休めないタイプ

仕事の見通しが立てづらい、予定通りに進まないといった状況で、スケジュール管理がうまくいかず、休みがとれないという悩みは、フリーランスの「あるある」ですよね。

無理なく働くために、あえて「休む時間」をスケジュールに組み込んでみてはいかがでしょう。

C・仕事が好きで休めないタイプ

好きだからこそ、つい無理をしてしまい、気づかないうちに心身が疲れてしまうことがあります。

好きな仕事を長く続けるために、「休むことも仕事の一環」と考え、定期的に心身をリフレッシュする意識を持つことが大事ではないでしょうか。ときには断る勇気も持ちましょう。

チェックリストまで作っておいてアレですが……このチェックの結果を見てあなたは「うん、知ってた」と思ったのではないでしょうか。

もしそうであれば……そう、問題はまさしくそこです。

自分が休めない理由をうすうす（ｏｒはっきり）分かっているのに休めない、というところにこそ、フリーランスが休むことの難しさが表れているように思います。

【POINT】
・休めないのには理由がある。
・うすうす気づいている「休めない理由」に、ちゃんと向き合おう。

02「休めない」が引き起こす悪影響

人間は休まなければ生きていけません。休まず働き続けることで、さまざまな悪い影響が出てきます。

●休めないと仕事の質に影響する

疲れやストレスが溜まれば、集中力が続かなくなり、判断力も低下します。細かい注意が行き届かず、単純作業でもミスや失敗が増加します。自己肯定感ややる気も低下し、仕事のパフォーマンス全体が下がってしまいます。創造力も湧きにくくなり、新たな発想も生まれなくなります。

そのため仕事がなかなか終わらず、ますます休めないという悪循環に陥ります。やがて、納期を守ることすら困難になり、クライアントとの信頼関係に悪影響を及ぼします。

●休めないとカラダに来る

休めないと肌荒れや頭痛、肩こり、お腹の不調といったマイナートラブルに見舞われます。

疲れが蓄積して体力や免疫力が下がり、風邪など感染症にかかりやすくなります。

食欲がなくなるか、逆に過食に走るなど、食生活も乱れやすくなります。

運動不足から生活習慣病のリスクが高まります。

睡眠の質が下がって疲労がとれにくくなります。

さまざまな面から、健康に悪影響が及ぶことは避けられません。

体調不良はさらに仕事に支障をきたし、悪循環を招きます。

●休めないと不幸になる

休めないとストレスが蓄積し、メンタルも悪化します。

ストレス解消のために無駄遣いが増え経済的にもデメリットしかありません。

休めない状態が重なると、家族やクライアントとのトラブルが生じやすくなります。

幸福感が減少して、何をしても楽しいと感じられなくなり、やがて、うつ状態やバーンアウトに陥る危険もあります。

●恐い「休めない」の悪循環

さらに「休めない」は悪循環を引き起こします。

仕事を休めない
↓体調やメンタルが不調になり仕事に支障をきたす

↓さらに休めない
↓さらに体調やメンタルが不調になる
↓さらに仕事が……

恐いですね。しかし、この「休めない」の悪循環が回っているうちは、まだ救いがあります。仕事（＝収入）があるからです。

自分自身が資本であるフリーランスにとって本当に恐ろしいのは、体調もメンタルも不調になったあげく、クライアントから見捨てられ、仕事もなく、ポツンと取り残されることです。そうなったらどうやって生きていきましょう？

と、まあそれが恐いからついつい無理をしてしまうのですが……。

この「休めない」の悪循環は、どこかで断ち切らねばなりません。そしてそれは、今、仕事や将来に不安がない人も無縁ではありません。

仕事が順調であればあるほど、「忙しいから後で」と休みをとることを後まわしにしがちです。知らない間に疲れが溜まってしまい、気がつくとこの負のスパイラルに取りこまれてしまっていたという可能性があるのです。

仕事が大好きで「休みよりも仕事のほうが楽しい」とノンストップで仕事をし続けたせいで、心や身体にトラブルを抱えることになってしまった人は少なくありません。

【POINT】

・「休めない」は案外コワイ。
・「休めない」が引き起こす負のスパイラルを断ち切ろう。

03　過労死ラインは何時間？

おどかすわけではありませんが、仕事が楽しくても、楽しくなくても……休まず働き続けると、最悪の場合、命を落としかねません。

あなたも「過労死」という言葉を聞いたことがあるでしょう。

過労死は、仕事による過度な負担やストレスが原因で、身体に異常……脳血管障害や心臓疾患、うつ病などを発症し、死亡に至ることを指します。

過労死というと、ブラックな環境で働かされる会社員がなるもの、というイメージがありますが、フリーランスも無縁ではありません。

平成30年度厚生労働省委託「過労死等に関する実態把握のための労働・社会面の調査研究事業」報告書によると「フリーランス自身の働き方について長時間労働と思うかについては、「ややそう思う」が33・4％と最も多く、「あまりそう思わない」が29

・5%、「そう思わない」が22・4%であった。また、労働時間（業務時間）を短くしたいかについては、「あまりそう思わない」が32・1%と最も多く、「ややそう思う」が30・8%、「そう思わない」が19・2%であった。「そう思う」と「ややそう思う」を合わせると、「47・4%」とフリーランスの約2人に1人が自分自身を長時間労働だと感じています。

短期間に重なる締め切り、納期に間に合わせるための不眠不休の作業、「より高いクオリティの成果物を出したい」というプライドからくるプレッシャーなど、むしろ「好きを仕事にしている」フリーランスだからこそ、セルフブラックになりやすいのです。

では何時間働いたらヤバいのか？　フリーランス「じゃないほう」の人達の働きかたから考えてみましょう。

フルタイムの会社員について、厚生労働省では通常、1日8時間（週40時間）を所定労働時間としています。

定時は8時間でも、8時間で終わる仕事ばかりではなく、残業せざるを得ない職場は多数あります。そこで働く人が残業しすぎで体調をくずしたりしないように、雇う人が気をつけて配慮しなさいよ、ということです（安全配慮義務）。

何時間以上働かせるのが良くないのかは「過労死ライン」として時間でハッキリ表しています。

過労死ライン（過労死のリスクが高まる時間外労働時間）は月80時間の残業です。1ヶ月80時間の残業が複数月続いた場合、過労死リスクが極めて高くなるということです。毎月続かなくとも、1ヶ月の時間外労働が100時間を超えると、過労死のリスクが大幅に高まるとされています。

これを1日にならすと、4～5時間（月20日勤務の場合）程度ですね。

計算すると1日8時間の所定労働時間に4時間以上の残業が加わる＝毎日12時間以上働くと、過労死ラインを越えている、ということです。

フリーランスは案外、これを軽々と超えてしまっている人が多いんじゃないでしょうか。

肉体的にも精神的にもヘトヘトなのに、妙にテンションが上がり、仕事がバリバリ進んでしまう「ワーカーズ・ハイ」状態になったことはありませんか。

特にクリエイティブな仕事において、ときには必要なのかもしれません。

しかし、寝不足、体のだるさ、肩こりや腰痛、胸痛や息切れなどの症状が出たら要注意です。過労死の危険が迫っている可能性もあります。

どんな仕事も、命と健康があってこそできる、という事実を忘れないでください。

【POINT】
・働きすぎは命に関わる。
・フリーランスは自分自身の勤怠を意識して働こう。

04 成果主義になると休めない

私は以前、仕事の進行具合を元に自分の働きぶりを評価していました。たとえば「今日はコラムを2本書いた」「〇ページ進んだ」「1000字しか書けなかった……」など、成果で評価する考えかたです。それもひとつのやりかただと思います。

でも、実はこの成果で評価する考えかたはちょっと危険なんです。というのも「成果」と「疲労」は相関していません。それどころか、ぶっちゃけ、疲れる・大変な仕事ほど時間単位の収入は低い（コスパが悪い）と私は感じています。

同じ人でも、その日のコンディションによって、あるいは仕事の内容によって、どのくらいの成果を出せるかは変わってきます。たとえば多くのライターは得意分野の原稿はスイスイ進みますが、あまり詳しくない分野だと時間がかかるでしょう。得意分野でも法令が変わるなどの変化があれば、正確を期するために調べながら書くため効率がダウンします。

ひとつひとつの仕事が違うのに、同じ物差しで測ろうとするのは無理があります。

にもかかわらずフリーランス、特に締め切りに合わせて成果物を納品するタイプのライターやデザイナーなどは、仕事が成果物で評価されるため、自分自身に対しても成果主義になりがちです。

成果主義に偏ってしまうと、「どんなに疲れていても、どんなに努力していても、成果がなければサボっているのと同じ」と思いこんでしまいます。

普段以上の成果を出すために、少し背伸びをして、自分を奮い立たせることが必要なこともあります。締め切りもあり、責任を持って仕事をするのがプロですから。そしてそれがうまくいったときはすごく充実感があります。

でも、いつもいつもその価値観で進んでいると疲れます。

自分で自分を叱咤してセルフブラック一直線です。

成果はあまり上がらなかったけれども、一定の時間しっかり働いた自分や、成果が期待できなさそうだからと思い切って休みに切り換えた自分、そんな自分ももっと認めてあげていいんじゃないでしょうか。

がむしゃらな日も、マイペースな日も、両方あっていいのです。

【POINT】

・成果主義に偏りすぎると休めなくなってしまう。
・ときにはハードルを下げることも必要。

05 休みは「停止」ではなく「投資」

30分昼寝をしたら作業効率がアップしたり、気晴らしに外に出て散歩をしたらいいアイデアが湧いてきたりと、休んだことで仕事のパフォーマンスが上がる経験を、誰もが一度はしているでしょう。

きちんと休みをとれば、仕事はもちろん、日々の生活全体に良い影響を与えます。

フリーランスは自分自身が資本です。同じ自分でも「ちゃんと休んでコンディション万全な自分」と「慢性的な疲れを引きずっている自分」とどっちがいいのか、という話です。

ここで、改めて休むことのメリットを見てみましょう。ほとんどの方にとって「そんなの知ってるよ」という常識レベルのことばかりですが、あえて復習することで「休むこと」へのモチベーションをアップさせよう、というのがこの項目のねらいです。

●休むことのメリット

・リフレッシュできる

休みをとることで心も体もリフレッシュされ、集中力や判断力が回復します。同じ作業でも休みをとった後は短時間で高い質を保てるようになるため、効率よくすすめられます。

気分が変わると、物事を柔軟に考えられるようになり、問題解決力も向上します。

・ストレスが軽くなる

仕事で溜まったストレスが軽減され、余裕を持って仕事に向き合えるようになります。

・モチベーションが回復する

休んで疲れがとれると「やってみよう」という意欲が自然に高まります。仕事に対するモチベーションが再び湧き上がるのもメリットです。

・創造力がアップする

散歩や軽い運動などをしているときに、仕事の新しいアイデアがひらめいたという経験はありませんか？

休むことで脳がリセットされ、創造力や発想力が活性化します。

・健康維持にも役立つ

適度に休むことで体力や免疫力が回復します。

しっかり休んで体調を整えることで、長期的に安定して仕事を続けられる土台ができ、毎日の仕事にも張りが出てきます。

「休み」というと物事がストップしている期間、というイメージがあるかもしれません。

しかしフリーランスにとって、休みはただの「休息」ではありません。自分自身が仕事の資本であるからこそ、心と体のメンテナンスが不可欠で、休みはそのための大切な時間です。

休むことで心身をリフレッシュし、次の挑戦に向けた準備を整えるのです。

そういった意味では、フリーランスにとっての休みは、単なる「停止」ではなく、現状を維持しさらに次のステップに進むための「投資」といえるのです。

【POINT】

・しっかり休めば、何ごともうまく行く（たぶん）。

・自分なりの「ベストパフォーマンスが出せる状態」で仕事に向かおう。

06 休むことへの罪悪感とどう付き合うか

ここでちょっと「心」の話をしましょう。

会社員でもそうですが、特にフリーランスには休むことに対して後ろめたい気持ち、「罪悪感」を覚える人が少なくありません。

頭では「休んだほうが効率が良い」「体を壊さないために休むべきだ」と分かっていても、限界までがんばり続けてしまうことがあります。ワーカーホリック、仕事中毒とも呼ばれる状態で、たとえ、ちょっと休んだところで、お金や仕事を失う恐怖がなくても「休む」という選択ができなくなるのです。

休むことは決して悪いことではありません。それどころか、良いことのはずです。
それなのに、いざ休んでいると「何か悪いことをしているのではないか」と後ろめたさを感じてしまう……。もしかすると、その罪悪感の原因は「休むこと＝悪いこと」というビリーフ（思い込み）かもしれません。

それは、子どもの頃、「サボってはいけない」と厳しくしつけられたり、学生時代に「がんばらないと落ちこぼれてしまう」と恐怖に駆られたのかもしれません。若い頃にサボっている同僚や上司を見て「自分は絶対ああはなるまい」と決意したことが影響しているのかもしれません。もしかしたら日本人の「勤勉は美徳」という空気を知らず知らずに読んでいるのかもしれません。

いずれにしても、休むことへの罪悪感は、心が柔軟で吸収力が高い時期に、無意識のうちにできた価値観ではないかと思います。

どうすれば「休むことへの罪悪感」を覚えずにいられるのかは分かりませんが、ひとつ試してみてほしいことがあります。

それは、「休むのも仕事のうち」と考えることです。

休むことで効率が上がり、結果的に良い仕事ができます。つまり休んでいる時間も「仕事の時間」ととらえれば、罪悪感が少しは軽くなるかもしれません。

●そんな私もカッコイイ

罪悪感に限らず、感情は無理に消そうとしてもなかなか消えるものではありません。むしろ、意識すればするほど強まることもあります。

だから、私はその罪悪感を無理に消し去ろうとしなくてもいいと思います。罪悪感もあなたという存在の大切な一部ですから、無視して「なかったこと」にしようとすると、後で反動がきてしまうでしょう。

それよりまるごと認めて肯定してあげるほうが、建設的です。

たとえば、「休むことに罪悪感を抱くほど勤勉で働き者の私って偉い」「ここまでがんばってきた自分は素晴らしい」と、自分をほめてみてください。

罪悪感を覚える自分を責めるのではなく、「そう感じてしまうところも含めて自分は素敵だ」と肯定してあげるのです。「こんなにがんばれる自分、すごいな」と思えてきて、心が少し楽になるかもしれません。

最初は照れくさかったり「白々しいな」と思ってしまったりもしますが、ぜひ続けてみてください。自分に優しい言葉をかけ続けるうちに、少しずつ良いほうに変わってきます。

自分をいたわることが、心の底からリラックスして休むための第一歩です。

【POINT】

・休むのも仕事のうち。
・休むことが後ろめたいというあなたは、真面目でステキな人です！

07　体調が悪いときは回復するまで休もう

いくら健康に気をつけていても、病気やケガなど体調をくずしてしまうことはあります。そんなときはゆっくり休みましょう。体調不良のときは休むのが基本です。

体調が良くないときにしっかりと休むことは、決してなまけではありません。むしろ、体調が悪いのに無理をしてケアレスミスを連発したり、成果物のクオリティが落ちたりすることのほうがリスクです。

●体調不良でも完全に休めないとき、どう乗り切る？

とはいえ、納期が迫っているときや、急な依頼に対応しなければならないとき、完全に休むことが難しい場合もあります。

特に、オンラインで仕事がしやすくなった最近では、少し調子が悪いだけなら「メールの返信くらい」「短いオンラインミーティングだけなら」と無理をしてしまうこともあるでしょう。

なかには「病気なのに働く自分カッコイイ」と自己陶酔してオンラインミーティングで「38度の熱があるんです」などと病気自慢する人さえいます。体調が悪ければ仕事のパフォーマンスもクオリティも下がりますし、周囲の人に気を遣わせてしまいます。そういった部分に無頓着なのは、フリーランスとして、という以前に社会人としてどうなんだろう……と取引先に思われているかもしれません。

「休むべきか働くべきか」の判断を明確にする

体調不良のときは、まず「今の状態で本当に働けるのか」を冷静に見極めることが重要です。症状を客観的に把握し、無理をしない範囲で行動しましょう。

熱がある、頭痛がする、集中力が著しく欠けている場合は、迷わず休むことを優先します。

軽い疲労感であれば、短時間の作業や、体に負担のかからないタスクだけをすすめる選択も考えられます。

「多少ならできる」と思ってすすめた仕事が、結果的に体調を悪化させる原因にならないよう、慎重に判断することが必要です。

ちなみに、私は体調が悪いと判断力が下がり、自分が休むべきかどうかを決められなくなることがあります。

そんなときは「もし仲の良い同僚がいたとして、今の自分と同じ体調だったら休んでほしいかどうか」を判断基準にしています（たいてい、休む決断ができます）。

クライアントへの対応を早めに行う

フリーランスにとって一番大切なのは、クライアントとの信頼関係です。信頼関係さえあれば「次」がありますが、信頼関係がなくなれば次の依頼はありません。

体調不良のときに休むことは、フリーランスとしての信頼を損なう行為ではありません。良心的なクライアントはフリーランスも人間であり、体調をくずすこともあると分かっているからです。

しかし、おおっぴらに言う人は少ないと思いますが「体調不良を訴えたフリーランスには何となく次回の発注がしにくい」というクライアント心理もあります。そう考えると、やはり日頃からの健康管理はとても大事です。

クライアントの心証を考慮して、スケジュールに影響のない限りは黙って養生をし、しれっと復帰するという選択肢もあるでしょう。

ただし、納期や予定に影響が出そうな場合は、できるだけ早く状況をクライアントに伝えましょう。

「体調不良のため、納期を○日延ばしていただけると助かります」といった形で、具体的かつ簡潔に伝え、完成していない作業はどこまで進んでいるか進捗を報告します。場合によっては自分は降りて、代打となる同業者を紹介することもあるでしょう。

大切なことなのでもう一度書きますが、体調不良のときは休むのが基本です。フリーランスにとって自分自身より大切な資本はないからです。

【POINT】

・具合が悪いときは休む。

・クライアントが不安にならないような対応を。

08　休みたいけれどお金の不安があるときは

休むと収入が減ってしまう、という焦りはフリーランスなら誰にでもあります。けれど人は休まずに働き続けることはできません。どうしたらお金の心配なく休めるか、フリーランスなら誰でも一度は悩む問題なのではないでしょうか。

私もまだ模索中ですが、ここでは私が実践している少しでも安心して休むための方法をご紹介します。

●まずは、自分の収支を把握する

私自身もそうでしたが、お金の不安を抱えるフリーランスの多くが、自分の収入と支出をきちんと把握できていないのではないでしょうか。

しかし、それも無理はないと思います。会社員なら毎月同じ額の収入があり、収支の管理は毎月ほぼ一定です。一方、フリーランスは仕事によってギャラが違う、月によって受注量や納品数が異なる、クライアントごとに支払いスパンや支払日がまちまち……などの事情から収入に波があります。ある月はドカンと収入があり、別の月はほとんど収入がないということがよくあります。そのため、収支を把握する難易度が非常に高いのです。

「不安だから見たくない」という気持ちは分かります。とはいえ、いつまでもお金の問題から目を背けてはいられません。

少なくとも年に一度は確定申告で現実と向き合うのですから、普段からできるだけ、自分の収入と支出を把握するよう心がけましょう

収支の実態を正確に知ることで、具体的な対応策を考える土台を作れます。最低限、入る予定のお金と出ていく予定のお金をざっとメモしておくだけでも、「来月は案外収入があるから少し休めそうだ」といった見通しが立つようになります。

お金の不安を軽減するためには、まず1〜2カ月単位の自分の収支を把握することが第一歩です。

●数か月単位で収支を把握する

収支の把握に慣れてきたら、全体の収支を長い目で見通すことが大切です。フリーランスの収入はどうしても波があるため、短期的な動きにとらわれず、半年から1年程度の長期的な視点を持つことが重要です。

収支を長期的にとらえることで、たとえば、繁忙期と閑散期をあらかじめ想定し、収入が多い月にしっかり稼ぎ、少ない月には休む時間を確保するような調整が可能になります。必要以上に不安を抱えず、計画的に仕事と休みを組み立てられるでしょう。

●少額ずつ積立てをして備える

たとえば毎日の収入から10%ずつ積み立てていくと、10日経てば1日分の収入が手元に残ります。

自分自身に有給休暇を与えるつもりで積立をしてはいかがでしょうか？

収入が安定しないからこそ逆にコツコツ積立ていくことも大切です。急に働けなくなった場合に生活費に充当する予備費などの預金があれば安心して休めますし、それとは別途、休日用の資金を少しずつでも積み立てていけるとさらにゆとりが生み出せます。

また、定期的に支出の見直しを行うことも効果的です。特にひとつひとつは少額でも毎月出ていくサブスクリプションサービスなどを削減するだけでも、休むための余裕を作りやすくなります。

●複数の収入減を持つ

収入をひとつのクライアントやひとつの仕事に頼っていてはいつまでも「これがなくなったら後がない」と不安が消えません。この状態はたとえていえば、一本の柱で建っている家のようなものです。

大黒柱だけでは建造物は長持ちしません。フリーランスは複数のクライアントとお付き合いをして、複数の仕事をこなし、複数の柱を立てるほうが長期的に安定します。

といっても、たくさんの仕事を同時に抱えるのは大変です。休んでいる間に収入が入ってくるような仕組みが構築できないか、考えてみましょう。休んでいる間でも収入があれば、キャッシュフローに余裕が生まれます。

すべての収入を「働いた時間＝収入」に依存するのではなく、大きな労力をかけずともお金が入るようなしくみを構築することを目指しましょう。

たとえば、次のような取り組みができる可能性はないでしょうか？

・電子書籍や教材の販売

自分のスキルや知識を活かしてオンラインで販売することで、休んでいる間にも収入を得られる仕組みを作れます。電子書籍、有料ｎｏｔｅ、オンライン教材、有料動画などは、作るのに手間はかかりますが、一度作成すればその後は自動的に収益を得られます。

・継続課金型のサービス提供

単発ではなく、期間契約型のサービスを提供することで収入を安定させることができます。たとえば、ＷＥＢサイトの更新作業やメンテナンスを月額契約にすれば、毎月の収入を見込みやすくなります。

・アフィリエイトやライセンス収入

自分のブログやウェブサイトで関連商品を紹介したり、制作物をライセンス契約で提供することで、直接労働を伴わない収入を増やすことも可能です。

すぐにできないこともあると思いますが、時間のあるときにこういった方向性を模索しておくことをおすすめします。

【POINT】

・収支を把握し備えることでお金の不安は減らせる。

・メインの取引先に依存せず、複数の収入源を作ろう。

2章　休むために、働きかたを考える

09　休みと仕事はコインの裏表

この章では休むために働きかたを考えます。

忙しい毎日だからこそ、休みの時間が特別なものに感じられます。休むために働くわけではありませんが、仕事を全力でやり遂げた後の休息には格別の充実感があります。

その逆もしかりで、休むことでまた仕事に集中して取り組むことができます。

私の娘（20代）は、新卒で入社した企業を辞めて失業していた頃「ずっと休みだから休みのありがたさがなくて、つまらない」といっていました。

確かに、仕事があるからこそ休みがあるのですよね。

光があれば影があるように、裏があれば表があるように……。仕事があるからこそ休みが休みになります。

休みと仕事はコインの裏表のようなものかもしれません。

そういう意味でも、どう休むかはどう働くかを考えることと深く関連しているのです。

【POINT】

・仕事があるから、休みが嬉しい。

・仕事だけでも、休みだけでも、人生はツマラナイ。

10　どのくらい働いているか「見える化」する

「あなたは毎日、何時間働いていますか？」

「週の労働時間はどのくらいですか？」

「月に何日の休みを確保していますか？」

そんなふうに聞かれてハッキリ答えられるフリーランスは案外少ないのではないかと思います。


「毎日すごくたくさん働いているような気がする」「休みもとれずに働いている」「あんまり働いていないはずなのに疲れるんだよな」など実感ベースで、ぼんやりと自分の労働時間をとらえている人もいるでしょう。

それでは現状を適確に把握できませんし、効果的な対策を考えるのも難しくなります。……ダイエットに例えると「最近太った」「やせたような気がする」と言っているのと同じです。やはり体重計に乗って客観的な数字で見ることが改善につながります。

まずは自分の客観的な労働時間を把握することから始めてみましょう。

おすすめなのが、行動の記録をつけることです。

その日の時間をどのように使っていたか、何をしていたかを記録します。

エクセルやスプレッドシート、手帳、手書きのノートなど、自分が使いやすい方法で構いません。何に時間を使っているのか、自分の24時間を書き出して俯瞰してみましょう。普段気づかない時間の使いかたが見えてくるはずです。

理想は、1週間ほど続けて記録をつけ、傾向や対策を考えることです。

1週間ほど続けると「昼食のあとダラダラ過ごしやすい」「早く起きた日にはなぜか寝るのが遅くなる」などの傾向が見えてきます。が……1週間分を記録するのはかなり面倒ですね。

そこで、簡単に客観視するために、昨日と今日の行動、そして明日の予定を円グラフにしてみましょう。

比較対象として、理想とする生活の円グラフも描いてみましょう。

今の生活との違いがビジュアルでハッキリ見えてきます。どこを変えていこうか、考えるきっかけにできるのではないでしょうか。


ちなみに円グラフで現状と理想像を比較するというやりかたは、この書籍を参考にしました。

・『生きのびるための事務』坂口恭平(著)、道草晴子(イラスト)マガジンハウス

【POINT】
・一度自分の時間の使いかたを見える化し、客観的にチェックしてみる。
・時間は有限、大切に使おう。

11　シャドウワークの時間も「仕事」時間に含めて考える

労働時間の話になると、「私、そんなに働けていない」という声が聞こえてきそうです。

ゆっくり休みをとっているために労働時間が少ないのであれば「休みかた」としては問題ありません。

しかし実際には、家事や育児、介護などで忙しく、休めないでいるという人も多いのではないでしょうか。

ここで「シャドウワーク」という概念を紹介します。

シャドウワークはオーストリアの哲学者イヴァン・イリイチが提唱したもので、おもに家事労働や妊娠・出産、子育て、介護など「賃金が支払われない影の労働」と定義されています。

通勤や自己研鑽など、「労働を支えるものではあるけれど報酬が得られないもの」も含まれると考えられます。

たとえば、収入を得るための仕事が1日6時間だったとしても、幼い子どもがいたり、家族の介護が必要だったりで、シャドウワークとしてさらに6～7時間働いていれば、過労死ラインを超えてしまう計算になります。

特に家庭を持っている人や、子育てや介護をしている人は、シャドウワークも労働時間に含めて考えてもいいと私は考えます。

シャドウワークは「影の存在」ではなく、れっきとした「仕事」です。実際にもしシャドウワークをしなければ、生きていく基盤としての生活が成り立ちません。そうなれば、報酬を得る仕事もできないからです。

会社にもシャドウワークともいうべき仕事があります。たとえば社員食堂の運営や、社内のエレベーターやロビーなどの管理、トイレ清掃なども、人が快適に働くため必要な仕事です。総務部などは、これらの仕事を自社内でこなしたり外注する仕事を業務としていますよね。

何から何まで自分でやることが基本のフリーランスも、こういったシャドウワークの時間や、シャドウワークを外注手配する時間は、「仕事のうち」と考えるほうが理にかなっていると私は思います。

●在宅者に家事の負担が偏っていないか？

シャドウワークのなかには当然、日々の家事が含まれます。そして家庭内の構造的な問題として、在宅で仕事をしているフリーランスに家事の負担が偏りがちです。「自宅にいるんだから掃除くらいできるでしょ」「ずっと家にいるんだから料理も作れるよね」とどんどん引き受けることになっていないでしょうか。

家で仕事をしながら家事をすべて引き受けるのは、大きな負担です。特に子育てや介護がある家庭では、その負担は膨大です。

家族で話し合い、家事を分担しましょう。ときにはやるべきことを減らし、休むことを選択して、自分の心身の健康を優先するのも必要です。

必要なときには周囲に助けを求めましょう。家事代行サービスやベビーシッターを利用するなど、外部のサポートを取り入れることも考えてみましょう。

【POINT】

・人間は生活があってこそ、仕事ができる。
・生活維持のために必要なシャドウワークも仕事のうち。

12　定時の就業時間を決めてみる

朝（というか昼近くになってからやっと）起きて、何となくダラダラお茶を飲んでからパソコンの前に座り、仕事をしながら何か食べて、夜は「もうちょっと切りのいいところまで」といいながら深夜まで作業する……。

これはある日の私の行動ですが、あなたも、そんなメリハリのない働きかたをしていないでしょうか？

フリーランスは、仕事と休みの境界が曖昧になりがちです。

時間を決めずに作業を続けていると、休むタイミングを逃してしまいます。

私自身も締め切りに追われ「あと少しだけ」と思いながら夜更かしを続け、次の日の午前中は眠くて作業ができない、となってしまったことが何度もあります。

休むために、会社員のように、定時の就業時間を決めてみてはいかがでしょうか。

たとえば、毎日9時から18時と決めたら、それ以外の時間はできるだけ仕事をせずに過ごします。

ときには早出や残業をすることはあるでしょうが、時間でいったん終了するという習慣をつけることが大事です。

フリーランスとして仕事を続けることは短距離走ではなく、マラソンのようなものです。

どう体力を温存するか、どこでスパートをかけるか戦略的に考えなければなりません。慢性的に夜遅くまで無理を続けていると疲労が蓄積し、気づけば仕事の質が落ちてしまいます。適切なタイミングで仕事を終える習慣を身につけることで、心も体も次の日に向けて準備が整います。

決まった時間内に仕事を終えることで、夜遅くまで働いてしまうことを防ぎ、体力と集中力をキープできます。

また「この時間までに仕事を終わらせたい」という意識が働くため、集中して仕事に取り組め、効率的に仕事が進みます。

決めた時間に仕事を終える習慣を続けると「自己管理ができている」という達成感が得られます。

この達成感は自己肯定感につながり、次の仕事への意欲を高める原動力にもなります。

オンとオフのバランスがとれた生活は、長期的に見てもいいことしかありません。

【POINT】

・定時を決めれば仕事にメリハリがつく。

・定時内に仕事を終わらせればオフが心置きなく楽しめる。

13　休むために前倒しで仕事する

遊びに出かけたはずなのに、仕事の遅れが気になって「これじゃあ遅れた作業を取り戻しているほうが精神衛生にいいんじゃないか」と思ったことはありませんか？せっかくの休日も仕事が遅れ気味では、気になってゆっくり休めません。

心置きなく休みを楽しむためには、仕事を前倒しにして余裕を作ることがおすすめです。

余裕のあるスケジュール管理を意識することで、休む時間を確保できます。それだけでなく、見直す時間ができて納品物の質は向上しますし、クライアントからの急な変更依頼にも対応できます。スケジュールを前倒しで進行するのは良いことずくめです……とはいってもそれがなかなか難しいのですが。


いつもできるわけではありませんが、できる限り前倒しのスケジュールで進行できるよう工夫をしておきましょう。

●前倒しを実現するコツ

・仕事の先送りはしない

「あとでやろう」と思うと、結局ギリギリになりがちです。時間が確保できるときには、できる限り作業をすすめ、後で余裕を持つことを心がけましょう。

すぐにとりかかれないときは「いつやるか」を決めてスケジュールに記入しておく……忙しくてその判断もできないときは「『いつやるか』を、いつ決めるか」をスケジューリングするのがおすすめです。

・仕事を細分化する

締め切りに向けた大まかな計画ではなく、作業を細分化し各ステップの締め切りを細かく設定します。

進行状況を常に把握することで、どの段階で前倒しができているか、あるいは遅れが出ているかを確認しやすくなります。

・タスクの優先順位を明確にする

細分化した仕事の優先順位を検討します。優先順位を明確にすることで、いま何をすべきかがはっきりします。

重要かつ緊急性の高いタスクから取り組むことで、余裕のある状態を作りやすくなります。

・締め切りを内部と外部の二段構えで考える

締め切りは「内部向け締め切り」と「外部向け締め切り」の二段構えにするのがおすすめです。

「内部向け締め切り」はできる限り前倒しの締め切りです。これはクライアントには伝えません。クライアントに伝える「外部向け締め切り」には数日、あるいは数時間の余裕を持たせましょう。これにより、早めに提出して喜ばれるだけでなく、提出直前まで確認や修正を行い、クオリティをさらに高めることも可能です。

また、突発的な出来事で提出が遅れる場合でも、クライアントに伝えた期間内には間に合うよう調整ができるため、余計なトラブルを避けられます。

早めに納品した後の解放感と、クライアントからの感謝や賞賛の言葉は、クセになるほど嬉しいものです。場合によっては、前倒しなど考えられないできないギリギリ状況ももちろんありますが、常に前倒しを意識して動くことが大事です。

【POINT】
・安心して休むためには、スケジュール管理がキモ。
・前倒しすればスケジュールに余裕ができる。

14 休めない本当の理由は「単価」ではないですか？

忙しくて休みがとれないのは「仕事が途切れずにある」ということで、良いことのように思えるかもしれません。

しかし、ここで、あえて厳しいことを言わせていただきます（厳しすぎて、私自身にグサグサ刺さるブーメランでもありますが）。

仕事が途切れないのは本当に良いことでしょうか？

その忙しさは、自分の能力や努力を薄利多売しているせいではないかと、一度疑ってみる必要があります。

たとえば、時給５００円で20時間働けば1万円になりますが、時給1万円であれば1時間で同じ1万円を稼げます。これは極端な例ですが、フリーランスにとっては意外と発生しがちな問題です。

ひとつひとつの仕事に予想以上の時間をかけてしまい、結果として時間単価が下がってしまっていると、どれだけ働いても生活に十分な収入が得られず、貧乏暇なしの状態に陥ってしまいます。

この負のスパイラルに気づかないまま忙しさに追われている人が案外多いように思います。

今の忙しさだけに焦点を当てるのではなく、立ち止まって、考えてみませんか。「なぜ今こんなに忙しいのか」「この仕事はいくらなのか」「どれだけの労力をかけるべきなのか」これらの点を冷静に見直し、実際に計算するのです。このようなシビアな計算は経営者にとっては息をするように当然のことですが、それができないフリーランスが多いのです。

この仕事は損か、得か、損を度外視してやるほどの価値（宣伝効果やスキルアップ）があるのか、その判断ができなければ、いつまでたっても安く使われ、貧乏暇なしで、休む時間を確保できません。

さらに、クライアントから「この人は安い人」という評価が定着してしまうと、後から単価を上げるのは難しくなります。

ギャラが変えられないなら、2つの方向で努力が必要です。

1 新規開拓

1つ目は新しいクライアントを探し、ギャラの高い仕事を得るための営業です。日々の忙しさに流されず、忙しいときほど営業のタネをまいていきましょう。

私の経験ですが、忙しいときほど営業活動の効果があります。忙しいことで変にガツガツしなくていいため余裕があるのと、何となく忙しい人特有の「デキるオーラ」のようなものが出て、良いほうに作用するのではないかと思っています。

2　時短・合理化

もうひとつが、できるだけ少ない時間と労力で同じ仕事をこなす合理化です。受け取るギャラが変わらなくても、ＡＩを活用したり、外注できる作業を他人に頼んだりして、その仕事にかける自分の時間と労力とコストを下げていけば、収入アップと同じ効果が見込めます。

自分の価値を見直し、現状を冷静に判断していきましょう。

【POINT】
・この仕事でいくら儲かる？　とシビアに見直すことも必要。
・忙しいときほど新規開拓をしてみよう。

15　休みの間つい仕事のことを考えちゃうときは

「休みの日には絶対に仕事をしない」と決めるのもひとつの方法ですが、かえって仕事が気になってしまう場合もありますよね。

仕事のことが気になりすぎて休んだ気がしないくらいなら、気になる部分を軽く片付けてしまうほうが、結果的にリフレッシュできることもあります。

フリーランスの良いところは、仕事を自律的にコントロールできることです。

フリーランスは一人ひとりが自分自身の経営者です。会社員のように「仕事は仕事、休みは休み」と線引きするのが難しい分、「経営者だから、24時間仕事のことを考えていてもいい」ととらえられる自由さがあります。

もちろん、仕事のことを考えたくないときは考えないで良いのです。ただ、「休みの日に仕事のことを考えてしまうのは自然なことだ」と受け入れると、かえってリラックスできるのではないでしょうか。散歩をしているときにアイデアが浮かんだり、「ちょっとだけやっておこう」と軽い気持ちで始めた仕事がスムーズに進んだりすることもあるでしょう。

フリーランスにとって重要なのは、自己管理能力ですが「会社に所属したくない」「自分でやりかたを決めたい」という意思を持ってフリーランスを目指した時点で、ある程度の自己管理の適性や志向は備わっているという見立てもできます。

その力を活かし、自分に合った「休みかた」を自律的に見つけていくことが、より良い働きかたにつながるのではないでしょうか。

【POINT】

・休みの日にも仕事のことを考えてOK！
・自分に合った働きかたと休みかたを見つけていこう。

16　休めないことを気に病まない

フリーランスが、「休みたいけれど休めない」という状況に直面することは珍しくありません。

締め切りが迫っている、急な依頼が入る、予期せぬトラブルが起きる……さまざまな理由で計画していた休みがとれなくなることもあります。

しかし、そのたびに「休めない自分」に罪悪感を抱いたり、ストレスを感じてしまうと、かえって心身の負担を増やしてしまいます。

休みがとれなかったときは、柔軟に対応していきましょう。フリーランスの強みは、自分の裁量でスケジュールの調整ができることです。あとでゆっくり休めば良いのです。

まとまった休みがとれなくても、短い「小休息」を意識してみてください。3分間だけストレッチをする、深呼吸でリラックスする、外に出て新鮮な空気を吸う——そんな小さな行動だけでも、心身の疲れを和らげる効果があります。

1日1分でよいので、「自分は何を優先したのか」「その結果としてどのようにバランスをとるか」を冷静に振り返る時間を持ちましょう。

神戸大学の西村和雄氏らが2018年に実施した調査では、所得や学歴よりも「自己決定度」が、主観的な幸福感に強い影響を与えていることがわかっています。

仕事の内容についても、仕事をするか休むかという選択についても、自分で優先順位を決められるフリーランスは、選択肢の多さや、自己決定権という視点で考えると、とても幸せな働き方だと思います。

自分の思うとおりに働いたり休んだりして、その結果が思い通りであってもそうでなくても、自ら引き受けると、いう覚悟こそが、フリーランスの矜持ではないだろうか、などと思うのです。

【POINT】

・仕事を優先しなければならないときもある。

・休めないことを気に病まない。

3章　いつ休む？　どうやって休みをゲットする？

17 働くタイミングも休むタイミングも自分次第

この章では「どうやったら休めるのか」について一緒に考えていきましょう。

フリーランスは、働くタイミングも休むタイミングも、自分で自由に選べます。休みをいつとるかは、柔軟に考えましょう。「◎◎だから休めない」と決めつけていてはいつまでも休めません。

休むことを前提に「いつ、どう休むか」という視点で考えることがおすすめです。

たとえば、昼間は外出や趣味の時間に充て、夜に集中して仕事をすすめるナイトワーカーのスタイルを選ぶ人もいれば、朝型の生活を徹底して、早朝にその日の仕事を終わらせ、午後からはゆっくり過ごすという人もいます。年のうち6カ月は人の倍働いて6カ月は趣味のために仕事を休む、といったライフスタイルを選ぶのも自由です。

子育て中の人であれば、たとえば、平日は仕事を休み子育てを中心にして、週末にパートナーが子どもを見ている間に仕事をすすめたり、学校の長期休みに合わせて家族と一緒に旅行しながらリモートで仕事をする「ワーケーション」を取り入れたり、といった工夫ができるでしょう。

大切なのは、自分にとって無理のない働きかたと休みかたを見つけることです。どういったタイミングで休むか働くか、自分の人生設計に合わせて自由にデザインしていきましょう。

【POINT】
・大切なのは、自分はどう休みたいかを考えること。
・固定概念にとらわれず、自分に合った休みのサイクルを作ろう。

18　年末年始やお盆、GW《ゴールデンウィーク》、週末、休むべきか働くべきか？

フリーランスは年末年始やお盆、ＧＷ、週末といった「世間が休んでいるとき」に休むか働くか、自分で選べます。さて、どちらが良いのでしょうか。

●世間と同じタイミングで休む

みんなが休んでいるときに休むと、世の中との一体感が味わえます。友人や家族と予定を合わせやすく、ワイワイと楽しい時間を共有できるのも大きな魅力ですよね。

家族と暮らしている場合や、お子さんがいる場合には、学校や職場のカレンダーに合わせて休むのが自然です。

●世間と違うタイミングで休む

世間が休んでいる間に働き、世間と違うタイミングで休むという選択肢もあります。年末年始や日曜日、平日でも早朝や深夜は外部からの連絡がないため、仕事がはかどるという人は少なくありません。

一人暮らしの人や、すでにお子さんが独立している場合は、自分のペースに合わせて柔軟に考えてみるのもいいかもしれません。

あえて平日に休みをとれば、観光地やショッピングモールが空いているため、ゆったりと過ごせます。静かな環境でリフレッシュしたい人にとっては、平日休みのメリットは大きいでしょう。

【POINT】

・世の中の流れに乗るも逆らうも自由。

・身近な人のライフスタイルに合わせるのが最適解かも？

19　クライアントと休みを合わせるか、わざとずらすか

いつ休むかを考えるとき、大きな要素になるのが、クライアントの休みに合わせるべきか、それともあえてずらすべきか、ということです。

どちらを選ぶかは、ケースバイケースで判断していく必要がありますが、それぞれのメリットを整理してみましょう。

●クライアントと休みを合わせるメリット

・タイムラグを減らせる

クライアントが稼働している時間に自分も仕事をしていれば、緊急の問い合わせや修正依頼に即座に対応できます。タイムリーなやりとりが可能になり、コミュニケーションのタイムラグを減らせます。

・心置きなく休める

クライアントが休むタイミングと自分の休みのタイミングが同じであれば、休みの間に緊急の連絡や要望が来ることはありません。休みの期間は、クライアント対応の心配をしたり、自分だけ休んでいるという後ろめたさを感じたりすることなく過ごせます。

●クライアントと休みをずらすメリット

・ロスタイムを減らせる

クライアントが成果物を確認している間に手が止まってしまうなら、その間に休むのもひとつの方法です。クライアントが内部で作業をすすめている間に休息をとれば、ロスタイムなく次の作業にスムーズにすすめます。ただ、休みの間に来た連絡を見落とさないよう注意は必要です。

案件の進行状況やクライアントの関係、自身のワークスタイルによりますが、クライアントの関係が浅いうちは休みを合わせたほうが無難です。休みをずらすなら、あうんの呼吸でやりとりができるようになってからにしたほうがよさそうだ、と私は思っています。

【POINT】
・クライアントワークは信頼が命。
・信頼関係があれば安心して休める。

20「この仕事が終わったら」は死亡フラグ

「この仕事が終わったら休める」。そう思いながら働き続けていませんか？

でも、そう簡単にはいきません。仕事は際限なく終わらないし、休みはいつの間にか緊急案件や雑用で埋まります。

フリーランスにとって「この仕事が終わったら」は、少し前に流行った「死亡フラグ」のようなものです『この戦争が終わったら結婚するんだ』や『この任務が終わったら引退する』と語る登場人物は必ず倒れる、というアレです。

フリーランスが「この仕事が終わったら」と休みを先送りにしているうちに、仕事は次々と舞い込み、休む余裕などなくなって……最悪の場合倒れてしまうのです。

フリーランスには休むタイミングを自分で決める自由がありますが、その自由さがかえって休みを後回しにしてしまう原因になりがちです。

緊急案件が飛び込んだり、気がつけば雑用が山積みだったり……「まだ大丈夫」と自分に言い聞かせて働き続けるうちに、疲れは蓄積し、パフォーマンスが低下、効率も落ち、ミスが増える――まさに悪循環です。

だからこそ、強い意志を持って「休む」と決意して、自分で休みを確保しなければなりません。

フリーランスにとって休みは、時期が来れば自然に天から降ってくるものではありません。

休みは自分からつかみとりに行かなければ、いつまでも手に入らないものなのです。

【POINT】
・休みはつかみとるもの。
・休むという決意をしよう。

21　休みのマイルールを決める

「疲れたら少し休もう」と自分で休みを調整できれば理想的ですが、実際には仕事に乗っているときや締め切りが迫っているとき、休むタイミングをコントロールするのは至難の業です。

そこで、あらかじめ「休みのマイルール」を作っておくのがおすすめです。

ルールは「休日」「休憩」の両方で設けましょう。

休日のルールなら、たとえば、「10日に2日は必ず休む」「月に4日は完全オフにする」「月末の30日と31日は休みにする」「仕事が立て込んで休みがとれなかった場合は必ず代休をとる」「月に1日はオフラインの日を設定してデジタルデトックスをする」といった具体的なルールを決めておくのです。

「家族の誕生日にあたる日は必ず休む」など、自分にとって特別な日を休みの日に設定するのもいいでしょう。
休憩のルールなら、「ランチタイムは1時間は休む」「2時間以上続けてパソコンに向かわない」「22時以降はパソコンを開かない」などが考えられます。

自分の状況に合ったルールを決めておくと、守りやすくなります。

しかし、ルールはあくまで指針です。状況によって柔軟に変更したり、見直したりすることも大切です。「絶対に守らなければならない」と自分を縛りすぎると、かえってストレスになる場合もあるので、そこは柔軟に対応しましょう。もし今日ルールを破ってしまっても、それでおしまいではありません。また明日から守れば良いのです。

【POINT】

・休みのマイルールを決めてみよう。

・マイルールは臨機応変に見直しを。

22 スケジュールに組み込んで休みを確保しよう

休みのマイルールを決めたら、それをスケジュールに落とし込みましょう。

●月間スケジュールに休日や半休日を入れる

仕事を円滑にすすめる上でスケジュール管理は大切なポイントです。「あれもやって、これもやって」と、スケジューリングがまるでテトリスのように積み重なっている人も少なくないでしょう。予定がスカスカだと不安になり、ぎっしりつまっていると安心する、というのはフリーランスの「あるある」かもしれませんね。

そんな状態で休みを確保するためには、スケジュールの中に「休む」という予定をあらかじめ書き込むことが有効です。「この日は休む」「この時間は休む」「何時から何時までは休憩」と、具体的に記載して、仕事のアポイントと同じように扱うのです。

スケジュールに休みを入れることは、自分に「休んでいい」という許可を与えるという意味合いもあります。まずは、スケジュール帳やアプリに「休み」と書き込み、それを守ることから始めてみてはいかがでしょうか。

空いているから休みではなく、休みという予定を入れておく、という考えかたです。

「毎日仕事」という状況でも、「明日は休み」「あと数日働いたら休める」と思えるのは、予想以上に嬉しいものです。学生時代や会社員時代に「週末が待ち遠しい」と感じたことを思い出すかもしれません。

ただ、フリーランスの場合「この日は休むと決めたから」と一切対応しないのは、クライアントの関係上よくないというケースも多々あります。そこは柔軟に考えましょう。

もし、やむを得ず休日対応した場合は、同じ週か翌週など、できるだけ近い日に

「代休」をとる権利を自分に認めてあげるべきではないかなと思います。

裏技ですが、断るのが苦手なタイプの方は、紙の手帳でもアプリでも、休むという予定を書き込む際に、ストレートに「休み」「ＯＦＦ」ではなく「別件」「先約」と書いておくのがオススメです。

休みと書き込んでいると、クライアントから「◎日はいかがですか？」と打診されたときにうっかり「休みの予定だけど、まあいいか」と流されてしまうことが多々発生します。

断るには惜しい案件やクライアントの場合はしかたがないのですが、常に流されていては休みが取れません。

「別件」と書いてある文字を見ながらだと「別件がすでに入っておりまして」と、断りやすくなるのです。

●毎日の予定の中にも休憩を入れる

日々のスケジュールを立てず、何となく1日を過ごしているという人もいるかもしれません。たとえば、目が覚めて仕事をし、空腹を感じたら食事をとり、夜になったら風呂に入って眠くなるまでパソコンかスマホに向かっている――そんな日常です。

フリーランスは何時に働こうが、何時に寝ようが自由です。ずーっとサボっていても締め切りさえ守れば誰にも文句を言われる筋合いはありません。

しかし、ダラダラ過ごすのは、仕事の効率という面でも心身の健康の面でも、よくありません。休憩時間だけでも決めておくと、日々のリズムが整い、仕事にメリハリがつきます。

午前中のひと休み、ランチ休憩、午後のおやつタイム……といった休憩だけでなく、一定時間以上作業をしたらいったん立ち上がって深呼吸する、という程度でも良いので、ぜひ毎日の予定の中にも休憩を入れておきましょう。

スケジュールを確保していても、休憩を忘れてしまうことは誰にでもあります。次項でもくわしく書いていますが、アプリやツールのアラームや通知機能を活用して、休憩をリマインドすることをおすすめします。

休憩時間の始まりだけでなく終わりにもアラームを設定しておくと、仕事への復帰がスムーズになります。

決めた時間に手をやめ、休憩を挟む習慣をつけることで、仕事と休みのバランスが格段に良くなるはずです。

【POINT】

・休みも立派な予定として扱う。

・仕事の合間の休憩もスケジューリングする。

23　アラームやタイマーで休憩時間をお知らせする

ひとりで仕事をするフリーランスは時間感覚が曖昧になりがちです。食事休憩や午後のお茶など、決まった時間に休憩をとりたいときは、アラームやタイマーで自分に休憩時間の始まりと終わりをお知らせすることをおすすめします。人間の体内時計や時間感覚は案外アテになりません。体感よりも、客観的な時計に合わせることで、規則正しい毎日を送ることができます。

●1時間に10～15分の休憩をとる

集中しているとつい2時間くらい、ぶっ続けで作業をし続けてしまいがちですが、作業中にも休憩をとることも大切です。

厚生労働省のガイドラインによると[1]、1時間を1サイクルとしてその間に10〜15分間の休憩が必要なのだそうです。

一時期話題になり、今も実践している人も多い「ポモドーロテクニック」（25分ほど集中して作業し、5分程度休む、をくり返す）は、理にかなっているのですね。

●アラームやタイマーは複数使い

作業中の休憩時間を確保するためにも、アラームやタイマーを活用している人は多いでしょう。

自分に時間経過を気づかせるために、複数の機器を使うというアイデアがあります。

私はスマホのアラーム、キッチンタイマー、目覚まし時計、スマートスピーカーのすべてを使っています。

1　情報機器作業における労働衛生管理のためのガイドライン https://www.mhlw.go.jp/content/000580827.pdf

機器ごとにタイミングを割り当てれば、いちいち時刻や時間を合わせる必要がなくなり、時短です。

ちなみに、私は仕事をするパソコンの前と休憩をする台所に、それぞれ目覚まし時計やアラームなどを置くようにしています

休憩時間が始まるときは台所の目覚まし時計が鳴るため、パソコンの前を離れて立って台所に行かなければいけません。

休憩時間が終わり仕事開始の時間にはパソコンの前のアラームが鳴るので、それを合図に台所からパソコンの前に戻ります。

物理的な場所移動をセットにすると、否が応でもスイッチが切り替わります。

【POINT】

・疲労感や飽きなど「感じ」ではなく時間で区切ると休みやすい。

・アラームやタイマーは複数セットするのがおすすめ。

24　家族や仕事関係者に宣言しておけば休みやすい

「ダイエット」「禁煙」などの目標を立てたとき、周囲に宣言すると成功しやすくなります。休みをとることも似ています。

自分ひとりで「休もう」と決めるだけだと、急な予定変更や仕事の依頼に対応してしまい、休みが後回しになることも多いでしょう。しかし、たとえば、「来週はみんなでキャンプに行くぞ～」と家族に宣言すれば、その約束を守る必要が出てきます。

また、クライアントに「来月15日は休みます」と事前に伝えておけば、その日は自然と仕事が入らない流れができます。

周囲に伝えることで「言ったからには休まなければ」という意識が働き、休みを確保しやすくなります。

長期の休みやプロジェクト進行に影響が出る場合は、当然、事前にしっかりと伝えなければなりません。

休みを確保するためには、自分の意思だけでなく、周囲の協力を得ることも重要です。家族やクライアントと適切にコミュニケーションをとりながら、安心して休める環境を整えましょう。

【POINT】

・言葉にすると実行しやすい。

・休みをとることを周囲にも協力してもらおう。

25「休みます」のクライアントへの伝えかた

クライアントに「休みます」と伝えるのは気が引けることもありますよね。それでも、休むことは大切です。では、どう伝えればスムーズにすすめられるのでしょうか。

●早めに、わかりやすく伝える

休む旨を直接、早めに伝えることは必要ですが、クライアントも忙しいので一度の連絡では忘れられてしまう可能性もあります。

休む予定が決まったら早い時期から、メールの署名やＳｌａｃｋのステータスに「※○月○日から○日までお休みをいただきます」と記載しておくと、クライアントに自然と認識してもらえます。

ＴｒｅｌｌｏやＡｓａｎａなどプロジェクト管理ツールを使用している場合は、休暇予定を記入しておくことで、チーム全体のスケジュール管理がスムーズになります。

●自動返信や事前説明を活用する

休暇中に連絡が来る可能性がある場合、自動返信を設定するのがおすすめです。「本日はお休みをいただいております。○月○日以降にご対応いたします。」というメッセージがあれば、クライアントも安心できます。

プロジェクト進行中に休む場合には、緊急連絡先はお知らせしておきましょう。

●ビジネスマナーを守って伝える

緊急事態は仕方ないこともあると思いますが、クライアントが不安を感じるような伝えかたはできる限り避けましょう。次のような伝えかたはＮＧです。

・直前の通知「すみません、明日から1週間休みます」（突然言われても困ります）
・曖昧な表現「しばらく休みます。詳細はまた後で」（進捗が不明確になり、不安を与えます）
・一方的な通告「〇日から休みますので、その間は対応できません」（相手の都合を考えていない伝え方では関係性が壊れます）
・進捗の報告不足「〇日から休みます。それまでにすすめられなかった部分は休み明けに対応します」（クライアントが状況を把握しづらいため進捗に影響が出る可能性があります）

●黙って休むという選択肢も？

フリーランスはクライアントに雇われているわけではないので、1日から半日程度の不在をクライアントにわざわざお知らせしなくてもいいのでは？という考えかたもあります。

仕事の進行を考慮した結果、あえて伝えないという選択もあるでしょう。

しかし、仕事には突発事項がつきものです。

自分が今どこで何をしているのか、プライバシーを開示しておく必要はありませんが、突然の緊急連絡や確認が必要になる場合に備えて、通常の業務対応のときと同様に連絡がつくようにしておいたほうが、安心です。

【POINT】

・しっかり伝えればクライアントも休みをとることを理解してくれる。

・ていねいな連絡で安心して休もう。

4章　フリーランスは「休み」をどう過ごすか

26　休んでいるようで休めていない行動に注意

この章では、休みの日にどう過ごすか考えていきましょう。

フリーランスは休みをどう過ごすのがいいのか。個人的には「好きにしたらいいんじゃないかしら」と思います。好みもやりたいことも状況も違うのですから、それこそ人の数だけ休みの過ごしかたがあります。自由に過ごしてこその休みですから。

でも……せっかく休みをとってのんびりしていたつもりなのに、何だか疲れがとれないと感じたことはありませんか？

自由であるべき休みの過ごしかたにも、良い休みかたと悪い休みかたがあるのです。

良い休みかたとは、体と心をしっかりと回復させ、エネルギーを補充するような休みかたです。

一方で、悪い休みかたは、一見休んでいるように見えても、疲労やストレスを解消できず、むしろ悪化させてしまう休みかたです。

どんな休みかたが良いのか正解はひとりひとり違うので、ズバリこれだとは言えませんが、私が30年以上のフリーランス生活でたどり着いた、最大公約数的な回答を示していこうと思います。

●休んでいるようで休みにならない行動

休んでいるつもりでいても、なぜか疲れてしまう……。そんなときは休んでいるようで休みにならない行動をとっている可能性があります。しっかり休みたいなら意識して避けたほうがいい行動があるのです。その例をいくつか挙げます。

・飲酒

飲み過ぎには注意しましょう。お酒を飲むと一時的にリラックスしたように感じますが、アルコールは睡眠の質を低下させます。翌日の疲労感や二日酔いにつながるため、結果として、休息にはならないこともあります。

・SNSのチェックやスマホゲーム

休みだからといってスマホの画面ばかり見ているのは逆効果です。情報量が多く、脳が休まらないだけでなく、無意識に他人と比較してストレスを感じることもあります。リラックスどころか逆効果になることが多いようです。

・動画の連続視聴（ビンジウォッチング）

興味のある動画を少し見るだけなら良いのですが、連続視聴は目や脳に負担がかかりがちです。特に夜遅くまで続けると睡眠の質が低下します。翌日に疲労が残るため、休息とは言えません。

・オンラインショッピング

便利なオンラインショッピングですが、脳が活発に働くためリラックスできません。買い物でストレスが発散できても、ムダな買い物による散財が新たなストレスになることもあります。

・仕事に関連する読書やニュースサイトの閲覧

脳が仕事モードから抜け出せず、心が休まりません。特にネガティブな情報に触れると、さらにストレスが増します。

・メールやメッセージの確認

仕事関連の内容が含まれていると、休んでいるつもりでも仕事を考えてしまい、緊張が解けません。

・タスク管理や計画作り

タスク管理や計画作りも、脳が常に仕事モードのままになるため、結果的にリフレッシュできず、休息とは言えません。

リラックスするための休息には、外部からの刺激を抑え、意識的にストレスから解放される時間が必要です。休んでいるつもりでも、脳が常に働いてしまう行動は疲労を蓄積させてしまいます。休みの質を意識し、心身が回復する時間を大切にしましょう。

●休みは「バッファ」ではない

注意したいのは、「休み」と「バッファ」を混同しないことです。バッファとは仕事の予備時間であり、いざというときの備えです。休みをすべてバッファとして使ってしまうと、結局休めなくなります。

「この日に遅れを取り戻せばいいや」という甘えが日々浮かんでしまい、その結果休みの日にも仕事をしてしまう――そんなことが続くと、心身の疲労が蓄積してしまいます。

だからこそ、「休みの日は休む」「休憩時間は休む」という予定をしっかり入れることが重要です。

【POINT】
・休んでいるようで休めない行動に気をつけよう。
・ダラダラとスマホを見ていても結局休めない。

27　身体と脳とメンタル、どれを休ませるかを意識する

身体の疲れ、脳の疲れ、メンタルの疲れはそれぞれ違う種類のものです。休みをとるとき「何を休ませ、どこを回復させるための休みか」ということに意識を向けることが大切ではないかと思うのです

●身体の疲れ

長時間の仕事や同じ姿勢での作業が続くと、筋肉が強ばって、肩がバキバキに凝ったり、腰や首が痛んだりしてしまいます。

休まず働き続けると、全身にだるさが広がり、「身体が重くて動きたくない」と感じることも増えてきます。

また、眠りが浅くなり、「どれだけ寝ても疲れがとれない」となってしまうことも

あるでしょう。

さらに身体の疲れが進むと、免疫力も低下して、風邪をひきやすくなるなど体調不良の原因にもなります。

しっかり休ませ、回復に努めることが必要です。

●脳の疲れ

起きている間、私たちの脳は大量の情報を処理しています。

長時間の集中作業が続いた後は、頭がぼんやりして「考えがまとまらない」「何をしようとしていたか忘れてしまう」といったことが多くなります。

記憶力が鈍り、やったことをすぐに思い出せなくなったり、気が散って仕事に集中できないこともあるでしょう。

脳が疲れると、周囲のちょっとした刺激にもイライラしてしまい、ストレスが蓄積されていることも感じます。

情報を一時的に遮断し、静かな環境で脳のリフレッシュを図ることが大切です。

●メンタルの疲れ

クライアントとのやり取りや顧客対応は気を遣う、いわゆる「感情労働」です。休みなしに続けていれば疲労とストレスが溜まり、メンタルが疲れます。「何をするにもやる気が出ない」「気持ちが沈んで楽しいことが何もない」と感じるようになります。

ささいなことにも敏感に反応してイライラしたり、逆に落ち込みがちで「なんだか気分が晴れない」と感じることも増えます。

メンタルの疲れが蓄積すると、不眠になったり、頭痛や胃の不快感など体調にも影響が出てきます。

心をいたわり、感情をリフレッシュさせることで、前向きな気持ちを取り戻せるでしょう。

●どこを休ませる？ チェックリスト

「身体」「脳」「メンタル」のどこを休ませたらいいのか、セルフチェックをしてみましょう。直感でＹＥＳかＮＯで答えて別表のＹＥＳにあてはまるところに○をつけ、Ａ・Ｂ・Ｃのどれが多いかチェックしてください。

1. 最近、疲れがとれにくく、身体が重く感じる
2. 夜に寝つきが悪く、ぐっすり眠れないことが多い
3. 肩や腰が凝りやすく、体のだるさが抜けない
4. 集中力が続かず、作業中に眠気が出やすい
5. 何をするにも面倒に感じ、やる気が湧かない
6. ささいなことにイライラしてしまい、気分の浮き沈みが激しい
7. 頭がぼんやりして、考えがまとまりにくい
8. 最近、食欲に変化があり、食べ過ぎたり食べなかったりする
9. 物事を覚えにくく、何度も同じことを確認してしまう
10. 普段より感情が不安定で、気分が落ち込みやすい
11. ＳＮＳやメールが気になり、休む時間も気持ちが休まらない
12. 作業に集中できず、気が散りやすい
13. 胃の不快感や頭痛、肩こりなど、体に不調が出やすい
14. 最近、友人や家族と過ごすことが少なく、孤独に感じることがある
15. 自然の中や静かな場所に行きたいと強く感じる

1	A	9	B
2	A	10	C
3	A	11	B
4	A	12	B
5	C	13	A
6	C	14	C
7	B	15	B
8	C		

Aが多い場合……身体の休息が必要

身体の疲れがたまっているサインです。睡眠やリラックス、温浴などで体をしっかり休める「パッシブレスト」を取り入れましょう。

Bが多い場合……脳の休息が必要

情報過多や思考の疲れが影響しているようです。デジタルデトックスや瞑想、静かな場所での休息を取り入れ、脳の疲労を和らげることが効果的です。

Cが多い場合……メンタルの休息が必要

ストレスや感情的な疲れが溜まっているサインです。趣味やリフレッシュ活動、友人との交流で心を癒し、メンタルの疲れをほぐしましょう。

各タイプに複数のＹＥＳがある場合……複合タイプ

身体・脳・メンタルのいずれも疲れている可能性があります。たっぷり時間をとって休息しましょう。まずは寝ることをおすすめします。

次項で解説しますが、身体の疲れを感じるなら睡眠や体を動かすこと、脳が疲れているなら情報から一時的に離れること、メンタルが疲れているなら気分転換を図ること——それぞれの休息法を使い分けることで、効果的にリフレッシュでき、より充実した休みを過ごすことができます。

【POINT】
・疲れに応じた休みかたで効果的に回復しよう。
・全部が疲れているときは、迷わずお布団にゴー!

28 パッシブとアクティブ、どちらも休み

休みとひとことで言ってもさまざまな休みかたがあります。布団の中でゴロゴロする、家族と和やかに過ごす、テレビやゲームを楽しむ、布団の中でひたすら寝る。好きなアーティストのライブに行って盛り上がる、友達とバーベキューで楽しく過ごす、遊園地に行く、デートをする……。掃除や洗濯など、たまった家事をこなす、という人もいるでしょう。休みの日には、仕事のための資料を読むという人もいるかもしれません。

飛行機に乗って南の島へバカンスへ行くのも、ひなびた湯治場でじんわりするのも「休み」です。締め切り間際の修羅場に、10秒目をつぶって深呼吸というのも精神集中のための「休み」といえなくもありません。

休みかたにはたくさんの種類がありますが、おおむね「パッシブレスト」（PassiveRest）と「アクティブレスト」（ActiveRest）という2つの視点で整理できます。日本語でいうとパッシブレストは「静的な休み」、アクティブレストは「動的な休み」、というところでしょうか。

●パッシブレスト

パッシブレストの目的は、身体や心を休め、回復させること。エネルギーを補充し、気力と体力を回復させます。

・安静・休息……体と心を回復させるための基本的な休みかたです。睡眠や昼寝、リラックスした姿勢での休息など。
・軽い運動……ごく軽い動きで体の緊張をほぐす時間。ストレッチや深呼吸など、少しの動きで血行を促し、疲労回復につなげます。
・リセット……一人の時間を作り、日常の喧騒から離れ、心をリセットします。読書や瞑想、ＳＮＳから距離を置くデジタルデトックスもここに含まれるでしょう。

●アクティブレスト

アクティブレストの目的は、リフレッシュや気分転換です。活力を取り戻し、精神的なエネルギーを回復させます。

・趣味や娯楽……映画や音楽、ライブ観賞、ショッピングなど、好きなことに没頭することで、リフレッシュし、活力を回復させます。
・外出や交流……友人や家族との会話や食事、気軽に楽しむ外出などでエネルギーを充電し、ストレスを和らげます。
・アクティビティ……旅行やスポーツ、新しい趣味に挑戦することで、普段の生活や仕事から離れ、感覚をリフレッシュします。

パッシブレストとアクティブレストのどちらも大切ですが、ミスマッチには気をつける必要があります

睡眠時間を削って仕事をした後に「気分転換が必要だー」と好きなアーティストのライブに行く……。すごく楽しそうですが、ハイになった後は疲れて体調をくずしてしまうかもしれません。

デスクワークばかりで気分が鬱々としているとき、仕事終わりにベッドに直行するよりも、ジムでしっかり運動をして身体を疲れさせたほうが、ぐっすり眠れて結果的に良く休めます。

今の自分にはどんな休みかたが必要なのか、ちょっと立ち止まって、自分の心と体に問いかける習慣をつけるといいのかもしれません。

【POINT】

・疲れているならパッシブレスト。

・発散したいならアクティブレスト。

29　おやつとお昼はどう過ごす?

ランチタイムやおやつの時間は、単に空腹を満たすだけの時間ではありません。リフレッシュの時間として意識して活用していきましょう。

何時から何時までが食事休憩、などと具体的に日々のスケジュールに組み込むことで、規則正しい生活を送る助けになるのです。

また、「この時間になったら休む」という小さいゴールの設定が、仕事の集中力をアップします。

●ランチタイム

昼食のメニューはお好みに応じて何でもいいと思うのですが、午後の眠気を避けるために炭水化物の食べ過ぎには注意が必要です。

好きなお店が近くにあるなら外食もいいでしょう。コンビニなどで買ったり、天気の良い日はお弁当を持って自然の中での食べるのも、気分転換にも効果的です。

自宅で食べる場合も、仕事用のデスクではなく、できるだけリラックスできる場所に移動して食事を楽しみましょう。

毎日自分で食べるお昼ごはんを作るのが仕事のリフレッシュになるという人もいます。面倒でないならそれも良いですね。

私は、自宅にいる日にも、自分で作ったお弁当を食べることがよくあります。外出する家族のお弁当を作るときに自分の分も一緒に作っておきます。味の検証と、昼食を作る時間を節約できるので一石二鳥です。

●ティータイム

午後のひとときにコーヒーや紅茶、お気に入りの飲み物とともに軽い休憩をとりましょう。おいしいお菓子があるとがんばれる人も少なくないでしょう。

窓から外を眺めたり、数分間ぼんやりする時間を持つだけでも気分転換になります。ティータイム、おやつタイムは「自分をいたわる時間」として意識することで、リフレッシュ効果が高まります。

【POINT】

・ランチタイムやおやつの時間は心身のリセットに活用できる。
・スケジュールに組み込み、休む時間をしっかり確保しよう。

30　短時間でも回復する仕事の合間の休憩

長い時間、同じ姿勢で作業を続けたり、ひとつの作業に集中していると疲労が溜まります。

仕事の合間の短い休憩を利用して、効果的に心身のリフレッシュをしていきましょう。

・運動やストレッチ

長時間座りっぱなしだと体が凝り固まります。1〜2分の短い時間でも、簡単な運動をすることで血流が改善しリフレッシュします。

首や肩のストレッチ、その場で足踏みやもも上げ、スクワット、片足立ち、柔軟体操など、短い運動はＹｏｕＴｕｂｅなどで探して実践してみるのも良いでしょう。

・深呼吸・短い瞑想

椅子に座ったままでも、深呼吸を数回行うことで気分が落ち着きます。数分間の瞑想や目を閉じてリラックスする時間を設けると、目の疲れや緊張がとれると同時に、脳がスッキリするような気がします。

何もしない「ぼんやりする」時間を過ごすだけでも効果的です。

・セルフマッサージ

耳や足指を揉む簡単なマッサージで、体をリラックスさせるとともに血流を改善できます。

短時間でも体全体がスッキリする感覚を得られるでしょう。

・温かいお茶を飲む

お湯を沸かし、温かいお茶を飲むだけでも、気分がリフレッシュします。

お湯が沸くのを待つ間に軽いストレッチや瞑想、セルフマッサージなどをすれば、休憩時間がより有効に使えます。

・**パワーナップ（短時間の昼寝）**

昼食後や疲れたと感じたときなど、短い昼寝を取り入れることで、仕事に再び集中しやすくなります（昼寝については5章でも解説します）。

【POINT】

・短い休憩でも工夫次第で心身のリフレッシュはできる。

・合間の時間を有効に活用し、リズム良く働ける習慣を作ろう。

31　休みの日の過ごしかた

せっかくの休日、何をして1日を楽しみましょうか。

もちろん、好きに楽しんだりリラックスすれば良いのですが、気がつくと定番の過ごし方ばかりしている……ということはないでしょうか。ワンパターンに陥らないために、さまざまな休みの日の過ごし方のバリエーションを見てみましょう。

●非日常を楽しむ・旅に出る

旅行などの非日常体験は、休日の過ごしかたとして最もメジャーなもののひとつですね。自然豊かな場所に出かければ気持ちが安らぎ、都会へ旅行すれば普段とは違う刺激が待っています。

旅は新しい景色や文化、人との出会いを通じて、普段とは違う感動をもたらしてくれます。

遠出する時間がない場合も、近場で非日常を味わう方法はたくさんあります。

美術館や博物館めぐり、ライブイベントに参加したり、自然公園でのんびり過ごすだけでも新たな視点が生まれることがあります。

美容院やネイルサロン、スーパー銭湯やサウナなどで、ゆったり癒されたり、近くのショッピングセンターを歩いたりするだけでも気分が変わります。

いつもは降りない駅で途中下車して、見知らぬ街を散策してみるのもいいでしょう。日常に少し冒険を加えることで、新鮮な気持ちになれます。

●スポーツや趣味に打ち込む

休みの日は思いきり身体を動かしたり、好きな趣味に没頭するのもいいでしょう。

行き当たりばったりではなく、前日や前々日から準備をしておくと、休日が思い切り楽しめます。

●自宅でじっくり充電する

休みは外に出かけるばかりではなく、じっくり休むのも素敵です。たとえば、自宅でゴロゴロしたり映画を見たり、料理や家庭菜園を楽しんだり、ペットと遊んだり……。

体と心をゆっくりと休ませる時間は、気持ちを穏やかにし、エネルギーを回復させてくれます。

無理をせず、自分のペースで過ごせる点が、自宅で過ごす休みの魅力です。

家にいるとつい、飲酒やドカ食いなどで一時的にストレスを発散してしまうことがあります。

たまの不健康はとても楽しいものですが、体に負担がかかりますし、休んだつもりがかえって疲労感が増すことになります。健康的な方法でリフレッシュするほうが、長期的に見ると回復効果が高いはずです。ほどほどにしておきましょう。

心穏やかに過ごしたいと願うなら、SNSに張り付いているのはあまりおすすめできません。

SNSが悪いわけではないのですが、どうしてもほかの人と自分とを比べてしまい、心がざわついてしまいがちです。

お気に入りの趣味に関連したアカウントだけをチェックするなど工夫すると、前向きな気持ちを維持しやすくなります。使いすぎを防ぐため、タイマーを設定するなど、自分なりのルールを設けるのもいいでしょう。

●一人で過ごすか、誰かと過ごすか

一人でのんびり過ごすのも、誰かと楽しい時間を共有するのも、どちらも素敵な休みかたです。

一人の時間を大切にすることで、心の整理やリラックスができます。

家族や友人と一緒に過ごす時間は、気分転換にとても効果的です。

今の自分に必要な休みかたを自分で選べればいいと思います。孤立しないためにはどうしたらいいか、4章のヒント35で考えをまとめています。


【POINT】
・休日はパッシブレストとアクティブレストをバランス良く取り入れる。
・自分に合ったリフレッシュ方法で心身を回復させよう。

32 「次の休みにやりたいことリスト」を作っておく

せっかくとった貴重な休みの日、ノープランだったために「何をしよう?」と迷い続け、結局、時間をムダにしてしまった、という経験はありませんか?

普段から「次の休みにやりたいことリスト」を作っておいてはいかがでしょうか。

リストに書き込む内容は、肩の力を抜いた、気軽にできるものがおすすめです。お金をかけるプランだけでなく、お金をあまり使わないアイデアも入れておくと良いでしょう。

たとえば、買い物に行く、近所の公園でのんびりする、図書館で本を読む、散歩・ウォーキング・ジョギングをする、映画を見に行く、庭でバーベキューをする、趣味に打ち込む……などなど。

もちろん、ほかにもあなたにとってワクワクするような「やりたいこと」があるはずです。

休みになったら何をしよう、考えるだけで楽しい気持ちになれますよね。

リストを作る、という作業をすることで、毎日少し楽しい気持ちが上乗せされ、日々の仕事にも張りが出ます。

ただし、「せっかくの休みを無駄にしたくない」「何かをしなければ」と、休日に予定を詰め込みすぎるのは逆効果です。

忙しくしてしまうと、結局、休んだ気がしないまま疲れだけが溜まってしまうこともあります。

【POINT】

・しっかり休むために、何をしたいか考えておこう。

・「やりたいことリスト」が「やることリスト」にならないよう注意。

33　運動の時間を意識的に確保しよう

仕事中は座りっぱなしになりがちという人は多いでしょう。運動不足が続くと身体に悪影響が出ます。できるだけ運動を取り入れるよう心がけましょう。

●運動を生活に取り入れるメリット

今さらここで言うまでもありませんが、運動にはさまざまなメリットがあります。

・体力の維持

仕事が忙しいと、つい体力作りを後回しにしてしまいがちです。しかし、定期的に運動をすることで基礎体力が高まり、疲れにくい体を作ることができます。

・**ストレスの軽減**

運動はストレス解消に大きな効果があります。有酸素運動はストレスホルモンであるコルチゾールの分泌を抑え、リラックス効果をもたらすことが科学的にも示されています。たとえばウォーキングや軽いジョギングは、手軽に始められるストレス軽減方法です。

・**集中力と仕事の効率アップ**

運動を取り入れることで血流が改善し、脳への酸素供給が増えます。その結果、集中力が高まり、仕事の効率も向上します。特に、作業の合間に行う軽いストレッチやその場足踏みは、短時間でも気分転換に効果的です。

・**睡眠の質の向上**

適度な運動を行うことで、眠りが深くなり、疲労が効果的に回復します。日中に体を動かすことで体内時計が整い、夜の眠りがより快適になります。たとえば、夜に激しい運動を避け、夕方までに軽いエクササイズを済ませると、睡眠の質が向上しやすくなります。

・メンタルの安定

運動には、気分を向上させるセロトニンというホルモンの分泌を促す効果もあるそうです。軽い運動でも、気持ちが前向きになり、ストレスに対する耐性が高まります。

●運動を習慣化するコツ

運動を日常生活に取り入れるためには、楽しみながら無理なく続けられる方法を見つけることが大切です。

・スケジュールに運動の時間を組み込む

毎日のスケジュールに「運動タイム」をあらかじめ記載しておくことで、自然と運動を日常の一部に取り入れることができます。

たとえば、ランチ後の10分間を散歩に充てたり、作業の合間にストレッチを行うなど、無理のない範囲で続けられる時間を設定しましょう。

・負担にならない範囲で続ける

いきなり激しい運動を始めるのではなく、軽いウォーキングや簡単なストレッチなど、自分の体力に合った方法を選びましょう。

少しずつ慣らしていくことで、運動を無理なく日常に取り込めます。

・新しいスポーツに挑戦してみる

ヨガやピラティス、ダンス、ボルダリングなど、興味を持てる新しいスポーツを試してみるのも良いでしょう。

初心者向けの教室や動画を活用すれば、無理なく始められます。

・**運動仲間を作る**

地域のスポーツサークルやオンラインで参加できるトレーニンググループに加わると、自然とモチベーションが保たれます。仲間と一緒に楽しみながら体を動かすことで、運動が特別な負担に感じにくくなります。

【POINT】

・運動は心と体にいいことがいっぱい。
・運動不足にならないよう適度に身体を動かそう。

34　キャリアアップにつながる勉強をする

フリーランスにとって学びは、キャリアアップにつながる自分への投資ですが、休日まで勉強していては、心身を休めたりリフレッシュしたりする暇がなくなってしまいます。

かといって全く学ばなければ、技術の進歩において行かれてしまいますし……。

無理なく賢く、休息と学びを両立させて、心身を整えながら新しいスキルを積み重ねていきましょう。

●勉強は「仕事」か「休み」か

フリーランスにとって勉強は、仕事でしょうか、休みでしょうか?

私はそのどちらでもある、と思っています。

取り組みかたや、取り組む姿勢、目的によって「仕事」となる場合もあれば、「休み」として心をリフレッシュさせる役割を果たす場合もあるでしょう。

・「仕事」になる勉強

業務に直結し、収益や成果を求めるものです。たとえば、仕事で使うアプリの操作を学ぶなど、新しいスキルや知識を身につけることで、クライアントへの提案力を高めたり、新たな案件に挑戦できるようになります。セミナーや講座に参加する場合も、仕事に必要なテーマを選ぶと「仕事」としての学びになります。

・「休み」になる勉強

直接仕事にはつながらなくても、興味や好奇心を満たすことを目的としたものです。たとえば、私は仕事の合間に放送大学で心理学やコミュニケーション学の単位をいくつかとりました。直接仕事には役立っているかどうかは分かりませんが、文章を書いたり企画を考える際の、ヒントのひとつにはなっているように思います。

趣味としての語学学習や、好きな分野の本を読むことなどもそうでしょう。リラックスしながら普段とは違う知識に触れることで、心のリフレッシュにもつながります。

●学びと休息を両立させる

休みの日をすべて学びに費やしてしまうと、リフレッシュする時間がなくなり、長期的にはモチベーションを失う原因になります。

無理なく両立させる工夫を試してみましょう。

・時間を区切る

学びの時間を「午前中だけ」や「夕方の1時間だけ」と決めると、休息の時間をしっかり確保できます。

・受け身の学びを取り入れる

動画を視聴する、ポッドキャストを聞くなど、リラックスしながらすすめられる学びかたを選ぶと、負担が減らせます。

・アウトプットを意識する

学んだ内容を実際に試してみたり、簡単な成果物を作ったりすることで、知識の定着が図れるだけでなく、達成感も得られます。

自分の興味関心やできることを公開することは、フリーランスとしての仕事の幅を広げることにもつながります。

・楽しみながら学ぶ

業務上の義務で学ぶのではなく、自分が本当に興味を持てるテーマを選べば、学びが負担ではなく楽しみになります。短期的な成果や収益に結びつかなくても、長い目で見ればキャリアアップや新しいチャンスにつながる可能性があります。

楽しみながら学んで得たスキルや知識が、新しい仕事やクライアントとの出会いを生むきっかけになるかもしれません。

・セミナーやイベントに参加する

セミナーや講座などに参加することで、新しい知識や人脈を得るチャンスが広がります。

実際に足を運ぶことで、学びの「場」から刺激を受けることも大いにあるでしょう。

【POINT】
・フリーランスにとって学びは未来への投資。
・学びも休息もどちらも大事。

35　孤立しないために、趣味・サードプレイス・仲間作りを考える

フリーランスとして一人で仕事をしていると、孤独を感じることは珍しくないでしょう。

「ぼっち」をネガティブにとらえる風潮もありますが、「ソロ活動」と言い換えればカッコ良く見えてきます。それに、孤独そのものは必ずしも悪いものではありません。家族や友人、仕事相手など、どこかにつながりがある限り、孤独はむしろ心を整える時間になります。

孤独とは、人と物理的に離れ、一人でいる時間のことです。

孤独は自分自身と向き合い、趣味に没頭したり、静かな環境で考え事をすることは、心を豊かにし、リフレッシュにもつながります。

孤独と似た言葉に「孤立」があります。

孤立は人とつながりたいのにかなわない状況を指します。相談したいのに相手が見つからない、助けを求めたくても頼れる人がいないといった状態です。

孤立状態や孤立感は、心に大きな負担を与え、不安やストレスを増幅させます。

また、孤独はみずから選択できるものですが、孤立は選べません。望まないのにそうなってしまい、心をむしばむのが孤立です。

孤独を楽しむ時間がフリーランスには必要ですが、孤立は心の健康に悪影響を及ぼします。意識的に他者と連絡をとり、協力的な関係を築くことが大切です。

同じ趣味を持つ仲間やサードプレイスでの交流が、孤立を遠ざける助けになります。

●自分を解放する趣味を持つ

趣味を通じて手を動かしたり軽い運動をしたり、作業に没頭したりすることは、気分転換に効果的です。また、自然やアート、音楽に触れることで新たな発想や視点を得られることもあります。

すでに趣味を持っている人は、その時間をさらに大切にしましょう。まだ趣味が見つかっていない場合は、読書や映画鑑賞、植物を育てるなど、気軽に始められるものを試してみるのがおすすめです。ヨガやウォーキングといった活動的な趣味や、美術館巡り、自然散策などもリフレッシュに適しています。

趣味の効果は単なる気分転換だけではありません。自己表現の場となったり、新しいスキルを身につけたりすることで成長につながります。

趣味を通じて得た仲間との交流は、安心感や楽しさを共有する機会となり、孤立を防ぐ手助けとなるでしょう。

●サードプレイスで居場所を確保する

「サードプレイス」は、アメリカの社会学者レイ・オルデンバーグが提唱した概念で「家庭（ファーストプレイス）」「職場（セカンドプレイス）」以外の「第3の居場所」を指します。

フリーランスの多くは自宅で仕事をするため、仕事とプライベートの境界が曖昧になりがちです。

その結果、気分転換が難しくなることもあります。サードプレイスを持つことで、うまく気分転換をして、仕事と休みのバランスをとることができます。

サードプレイスは特別な場所である必要はありません。

近所のカフェや公園、図書館など、気軽に行ける場所があれば十分です。

静かな環境が好きな人は図書館や落ち着いたカフェ、賑やかな場所が好きな人は街中の広場やコワーキングスペースなど、自分に合った環境を見つけましょう。


また、日常のルーティンから外れた場所を訪れることで、新しい発見やアイデアを得られる可能性もあります。

口コミやSNSを活用して、自分に合ったサードプレイスを探してみてください。

趣味やサードプレイスで得たつながりは、仕事以外のコミュニティ形成のきっかけになります。

一人で過ごす時間と人と過ごす時間のバランスをとりながら、自分にとって心地よい人間関係を築いていきましょう。

【POINT】

・社会とのつながりが「生きがい」につながる。

・フリーランスも一人では生きていけない。

5章　睡眠は、しっかりとりたい

36　睡眠不足のデメリット

この章では睡眠について考えたいと思います。

フリーランスは自分で時間を自由に使えるのがいいところですが、だからこそ、忙しいとつい睡眠時間を削ってしまう、なんてことがよくあります。

睡眠について考えるとき、私はいつも2人の天才漫画家のことを思い出します。「漫画の神様」とまで言われた手塚治は1日3時間睡眠で漫画を書き続け、60歳の若さでなくなりました。「ゲゲゲの鬼太郎」で知られる漫画家の水木しげるは、1日10時間眠って、93歳まで長生きをしました。

睡眠時間と命を削る壮絶な人生に憧れを抱く人もいるかも知れませんが、大多数の人が望んでいるのは、睡眠時間を確保して、好きな仕事をしながら長生きする人生のほうですよね？

●睡眠不足が引き起こすデメリット

「睡眠不足はよくない」なんてことは、小学生でも知っています。でも、どうしてなのか考えたことはない人も多いでしょう。

睡眠不足が私たちの心と体に引き起こすさまざまなデメリットを具体的に見てみましょう。

・仕事の効率が落ちる

寝不足で思考力や集中力が低下したという経験は誰にでもありますよね。

脳は十分な休息が必要です。睡眠不足が続くと、脳内で日中に得た情報などを充分に整理できません。睡眠不足は物忘れや判断力の低下を招き、そのため仕事の効率はガクンと落ちてしまいます。

・疲れがとれない

睡眠中に分泌される成長ホルモンは、新陳代謝を活性化し、疲労した細胞を回復させるために欠かせないものですが、睡眠不足になると十分に分泌されないため、疲労感が解消されず、翌日まで疲れを持ち越すことになります。

・老化を早める

睡眠不足は、新陳代謝を妨げます。そのため細胞の修復や再生が不十分になる原因となります。これが積み重なると、肌や体全体の老化が早まってしまいます。十分な睡眠をとることは、若々しさを保つためにも非常に重要です。

・病気のリスクが高まる

睡眠不足は免疫力を低下させるため、風邪やインフルエンザにかかりやすくなります。

さらに、メタボリックシンドロームや糖尿病、高血圧といった生活習慣病のリスクを増加させます。

・太りやすくなる

寝不足だとなぜかついたくさん食べてしまうという経験ありませんか？（私はあります）

寝ない分だけ体がエネルギーを欲しているのかなと思っていたのですが、調べてみると、睡眠不足により食欲をコントロールするホルモンが乱れるのだそうです。

睡眠不足は、肥満や体重増加を引き起こしやすくなります。

・メンタルヘルスへの悪影響

寝不足だとつい怒りっぽくなってしまう……という人は少なくないでしょう。

睡眠不足は精神面にも大きな影響を与えます。イライラしたり、不機嫌といった感情の不安定さが増え、仕事のミスが増加するだけでなく、慢性的な疲労が精神的な不安定さを招きます。

こんな状態が続くと、ネガティブな思考にとらわれやすくなり、うつ症状や精神疾患のリスクが高まってしまいます。

思ったより睡眠不足は恐いな、と感じた人が多いのではないでしょうか。

メジャーリーガーの大谷翔平選手は「一番大事なのは睡眠」といって1日10時間近く眠ることが知られています。

大谷選手にとっては、睡眠は単なる休息ではなく、最大のパフォーマンスを出すための装備なのかもしれません。

スポーツを正業とせず、大谷選手のようなパフォーマンスを求められてもいない私たちも、少なくとも寝不足状態で仕事を続けるのは避けたいものです。

【POINT】

・睡眠不足は身体に悪い。

・大谷選手も10時間寝ている。あなたはもっと寝てもいい。

37 タイムスケジュールと睡眠の確保

人間にとって、理想的な睡眠時間は7～9時間といわれています（個人差はあります）。

日によって忙しさが違うフリーランスが、毎日理想的な睡眠時間を確保することは難しいですが、どんなに忙しくても最低限の睡眠時間を確保することが大切です。日々のスケジュールに柔軟に対応しつつ、睡眠時間をきちんと確保することが健康的な働きかたの基本です。

●自分に合ったリズムを作る

朝型の人もいれば夜型の人もいますが、人間は、目が覚めてから約15時間後に眠くなるようにできているそうです。

早朝に集中しやすい朝型の人は、夜は早めに就寝し、朝時間を活用するスケジュールを組むようにしましょう。

夜型の人は、無理に早起きせず、夜の時間を有効活用しながら睡眠時間を確保することを考えてみましょう。

自分に合ったリズムでスケジュールを組むことで、無理なく休息をとる習慣が身につきます。

●就業・就寝時間を決める

仕事をしていると、つい終業時間が曖昧になり、ダラダラと遅くまで働いてしまいがちです。

2章のヒント12の項目でも書きましたが、できれば仕事を何時までに終わるのか時間を決めて、休む時間を確保しましょう。

また、可能な限り毎晩同じ時間に就寝することも重要です。不規則な生活は体内リズムを乱し、睡眠の質を低下させます。毎晩同じ時間に寝ることで、体内時計が整い、自然と深い眠りにつきやすくなります。どんなに忙しいときでも一定のリズムを守る習慣をつけたいものです。

●スケジュールには余裕を持って、できるだけ前倒しで

締め切りに追われてスケジュールを詰め込みすぎると、結果的に睡眠不足につながり、体調をくずしてしまうこともあります。

2章のヒント13の項目にも書きましたが、フリーランスは、できるだけ仕事を前倒しで進行し、日々のスケジュールに余裕を持たせることが大切です。

ただ、これを書いている私も、完璧にできる気がしません。でも、それでもいいのです。完璧にはできなくても、「やろう」と努力することによって、何もしないよりは、少しはいい方向へ向かっているだろう、と思っています。

【POINT】

・自分に合ったタイムスケジュールを見つけて睡眠時間を確保しよう。
・完璧にはできなくても、やらないよりはマシ。

38　よく眠るためのルーティン

質の良い睡眠を確保するためには、寝る前の過ごしかたが大切ですね。良質な睡眠を得るために、しておきたいこと、やめておきたいことを紹介します。

・パソコン、スマホは閉じる

寝る前にスマホやパソコンを使い続けると、脳が覚醒状態のままになり、眠りにくくなります。

ブルーライトが睡眠の質を下げる原因になるため、就寝の1～2時間前にはデジタル機器をオフにする習慣をつけましょう。代わりに読書やストレッチ、リラックスできる音楽を取り入れると効果的です。

・できればお風呂に浸かり、温かくする

体を温めることで、体温が自然に下がり、眠気を誘発します。ぬるめのお湯に浸かることで、心と体がリラックスし、質の良い眠りを得られます。ストレッチを加えることで、さらにリラックス効果が高まります。

・毎日同じ時間に就寝する

不規則な生活は体内リズムを乱し、睡眠の質を低下させます。毎晩同じ時間に寝ることで、体内時計が整い、自然と深い眠りにつきやすくなります。

・翌日のタスクを整理する

次の日のタスクを整理してから眠ることも有効です。仕事や生活のあれこれを気にしながらベッドに入ると、脳が休まらず、なかなか眠りにつけません。

夜の時間に翌日の仕事のリストアップや必要な準備を済ませておくことで、心を落ち着けることができます。頭がすっきりと整理されることで、安心して眠りに入れるでしょう。

・お気に入りでリラックスする

好きな香りのアロマを使ったり、穏やかな音楽を流すなど、自分だけのリラックス方法を取り入れましょう。これにより、体と心が「眠る準備」を整えやすくなります。

多くの人がこのようなルーティンで、良い眠りを確保できるのではないかと思います。ぜひ試してみてください。

……しかし、おすすめしましたが、実は私は、この睡眠のための一般的に良いとされるルーティンが苦手です。

やればやるほど「眠らなければ」という気持ちになり、変に覚醒してしまうのです。子どもの頃から寝付きが悪かったせいで、今でも寝るという行動に移ることに対して心理的に抵抗があるのかもしれません。

今さら、苦手なことと格闘するのも嫌なので、寝るのが苦手なままでいいや、と開き直り、毎日寝る前の30分ほど、部屋を暗くして、スマホでまったく仕事に関係ない分野の小説やエッセイの朗読を聞くことにしました。

話が面白いと、つい「あと30分だけ聞こう……」となってしまうのが玉に瑕ですが「布団で朗読の続きを聞く」というルーティンを作ってから、布団に入るのが嫌でなくなりました。ずっと朗読を流しっぱなしでは脳が休めないため、面倒でもスリープタイマーをかけて、眠る間は睡眠に集中できる環境を整えたほうが良さそうです。

【POINT】
・夜のルーティンを整えることで質の良い睡眠を確保しよう。
・自分に合った「眠りの儀式」を見つけて習慣化すると眠りやすいかも。

39 パワーナップ（積極的仮眠）をする

昼食後は眠くて集中力が続かない、ということはありませんか。
午後のだるさや眠気に対処するには、いっそ寝てしまうほうがいいかもしれません。
昼寝には次のような効果があります。

・疲労回復……身体だけでなく脳の疲れもとれ、午後の仕事をリフレッシュした気持ちで始められます。
・判断力や理解力の向上……午後の集中力が戻り、複雑なタスクにも対応しやすくなります。
・作業効率の向上……午後の作業スピードや精度が高まり、結果的に時間を有効活用できます。
・やる気アップ……気分がリセットされ、次のタスクに積極的に取り組む意欲が湧きます。

・自由な発想が生まれやすくなる……頭がスッキリとし、新しいアイデアや発想が浮かびやすくなります。

●「パワーナップ」をとりいれる

ただの昼寝ではなく、短時間で効率よく疲労を回復させる仮眠を「パワーナップ（積極的仮眠）」と呼ぶそうです。

正直、呼び名を変えただけでは？という気もしないではないですが、かっこいい名前がついているだけでもテンションが上がりますし、実際やってみると確かに、午後の集中力がアップするような気がします。ぜひ試してみてください。

【パワーナップのやりかた】

・ベストタイミングは眠くなる前

昼食後、眠気が本格的に襲ってくる前に短い休息をとるのがポイントです。眠気がピークを迎える前に仮眠をとることで、だるさを予防し、午後の作業をスムーズに始めることができます。

・30分以内に留める

パワーナップの最適な時間は15～30分です。それ以上眠ると深い眠りに入ってしまい、起きたときにかえってだるさを感じることがあります。私は必ずタイマーをセットし、30分以内に起きられるようにしています。

・明るさを保つ

昼寝中は部屋を完全に暗くしないのがコツです。電気をつけたままにすることで、深い眠りに入らないため、目覚めたときのスッキリ感が増します。

・リラックスできる姿勢をとる

完全に横になれるスペースが理想ですが、椅子に寄りかかるだけでも効果はあります。深呼吸を数回行い、体をリラックスさせましょう。

・ぼんやりする時間を大切に

パワーナップの最中に何かを考える必要はありません。ぼんやりと横になり、頭の中を空っぽにする時間を作ることで、脳をリセットできます。

私はよく昼食後の30分間、タイマーをセットして明るい部屋で軽く横になります。この時間があるだけで、午後の仕事に対する意欲や集中力が大きく変わるような気がします。

【POINT】

・短時間の仮眠で午後の作業効率アップ。

・単なるお昼寝ではなくパワーナップを意識しよう。

40　横になっても寝つけない夜は

夜眠ろうと横になったのに、なかなか緊張が解けず、体がこわばってしまっている、と感じることはありませんか?

そんな風に眠りにつけないときは、無理をせず、自分をいたわる方法を試してみましょう。

●リラックスして自分をほめる

まず目を閉じ、自分の体のどこに緊張があるのか探ってみてください。

背中や首、肩など、こわばっている部分を見つけたら、心の中でその部分に話しかけてみましょう。

「よくがんばっているね」「早めにサインを出してくれてありがとう」と、自分をねぎらう言葉をかけてください。

ストレスを感じたとき、体や心は「無理をしているよ」と教えてくれているのです。その声に耳を傾けることが大切です。

さらに、少しだけ「親ばか」ならぬ「自分ばか」になるのがおすすめです。「自分ってすごいな」「こんなに働いてくれる体に感謝」と思うことで、自己肯定感を高めましょう。

フリーランスは基本的に一人で仕事をすることが多いので、自分をほめることに遠慮はいりません。

こんなふうに自分を肯定するだけで、心も体もリラックスしやすくなります。

緊張は「ほぐさなければ」と意識しすぎると、かえって解けにくいものです。でも、自分を責めず、いたわり、ほめてあげるだけで、体も心も少しずつ緩んでいきます。

●自分のメンタルは自分で整える

フリーランスという働きかたは、小さなゴムボートで海に漕ぎ出しているようなものかもしれません。

会社員のように大きな船に乗っているわけではなく、自分で舵をとり、自分で進むしかない働きかたです。

自由さの代わりに、責任や不安といったストレスを抱えることもあります。家族を支えるプレッシャーや、仕事が途切れたときの心配など、ストレスの質も量も会社員のそれとはやはり異なります。

しかし、自分で選んだ働きかただからといって、ストレスを感じていることそのものを否定する必要はありません。

ストレスは悪いものではなく、「がんばっている証拠」です。

「がんばってくれているんだね」「ありがとう」と自分の体に声をかけ、働き続けている自分をいたわりましょう。これだけで、少しは緊張が和らぎ、心が軽くなることを実感できるはずです。

フリーランスとして進み続けるためには、心身のバランスを整えることが何より重要です。

バランスが整うのに時間がかかるときもあります。

自分で自分をほめることで、積極的にバランスを整えに行くのも、ひとつの方法だと思うのです。

【POINT】

・緊張が解けないときは、自分の体をいたわり、優しい言葉をかける。
・ストレスは「がんばっている証拠」として前向きにとらえよう。

終章　休んだあとも、案外大事

41　休み明け、仕事にスムーズに復帰するには？

休み明けに仕事にスムーズに復帰する方法についても、考えておきましょう。

●自分自身に「申し送り」をしておく

休み明けにスムーズに仕事に復帰するために、効果的な方法のひとつが、休む前に「自分自身に申し送り」をしておくことです。

「申し送り」という言葉、あまりメジャーではないかもしれません。私は昔、数ヶ月だけ一緒に住んでいた看護師のカズエちゃんから教えてもらいました。医療の現場では夜勤から日勤へ、日勤から夜勤へと勤務を交代するとき、患者さん一人一人の容態や注意点などを素早くていねいに伝えるのだそうです。会社に勤めているときはポジションが変わると前任者から仕事の「引継ぎ」がありますが（引継ぎがなくて苦労することもまああります が)、あれのデイリー版、というイメージです。

自分自身に対してですから、自分が分かればいい、次に何をするか、どんなことに気をつけるべきかを、明確に分かりやすくメモしておきます。休み明けにメモを見返せば、すぐに頭が仕事モードに切り替わり、スムーズに作業を再開することができるはずです。

どのようにメモするかは人によってさまざまでしょう。

たとえば私は常に複数の原稿を抱えているので、書きかけのＷｏｒｄが複数あります。そのまま保存しただけでは、どこまで清書が進んだか、どこからまだ下書きかが分かりにくいので、下書きと清書の間にＷｏｒｄの「見出し２」の書式で「ここから」と書いておきます。

すると次にそのファイルを開いたとき、自分がどこから書けばいいのか一目瞭然、というわけです。

ただ、私の場合、この方法では本格的な「休みモード」の後ではちょっと足りません。翌日くらいまでは覚えていられますが、休み明けの私は、かなり仕事のことを忘れているため休み前の仕事の続きをしようにも、一体どのファイルを開くかさえうろ覚えで手を付けかねたりもします。

そこで私が採用しているのは次の3つの方法です。

・PCの壁紙に休み明けにやることを個条書きしておく
・PCを立ち上げると同時に「とりあえず手をつけるファイル」が開くように設定しておく
・仕事に使うスケジュール帳（アナログ）の該当日に「●●をやる」と書いておく

そのほかにも、スマホのリマインダーをセットする、付せんを使うなど、さまざまなやりかたがあると思います。

申し送りを書くことで、「仕事のことを覚えていなければ」という縛りから解放され、きちんと休むことができます。そういう意味でも申し送りは単なる準備ではなく、未来の自分へのサポートです。

ほんの少し手間で、効果を実感できるはずですので、休みに入る前に、ぜひ試してみてください。

【POINT】

・自分自身に引継ぎメモを残しておく。

・休み明けの自分は意外に仕事のことを忘れている。

おわりに

最後までお読みいただき、ありがとうございました。

この本が、フリーランスで働くあなたの働きかたや休みかたを見直すきっかけになれば嬉しいです。

本書の執筆中、私は、読者の皆さんをフリーランスの仲間として身近に感じていました。

そして仲間に「ちょっと休みながら行こうよ」と声をかけているようでした。

……しかし実は、自分自身に休もうよ、もうちょっと身体のことを考えようよ（年齢も年齢だし）と言い聞かせていた、という部分もあったのかもしれません。

フリーランスを続けていくのに必要なのは、休まなくても大丈夫な強さ、ではありません。

それより大切なのは、心や体が弱りきる前に、自分の内側が発しているサインに気づくセンサーと、必要に応じてしっかり休める勇気です。

だって、この本の中で何度か書きましたが、フリーランスは自分自身が資本ですから。

自分を大切にできない人間に、大した仕事はできないはずです。

休みましょう。休んだら働き、そしてまた休みましょう。

この繰り返しが、フリーランスとしての長い道のりを支える大切なリズムだと思います。

フリーランスとして生きていくのは大変ですが、大変だからこそ、やりがいがあり、楽しいこともたくさんあります。

この本を読んでくださったあなたの未来が、より健康で充実したものとなることを心より願っています。

２０２５年春
曽田照子

著者紹介

曽田 照子（そだ てるこ）

文筆家・子育てコトバ専門家

広告制作プロダクションでコピーライター経験後フリーに。ライター歴25年以上。雑誌、サイト記事、インタビュー、WEBコラムなど多彩なメディアで執筆経験多数。A型・山羊座・個性心理學では「慈悲深い虎」。

著書に『子どもを伸ばすママの言葉がけ　言ってはいけないＮＧワード55』（メイツ出版）『「お母さんの愛情不足が原因」と言われたとき読む本』（中経の文庫）『決定版　ママ、言わないで！子どもが自信を失う言葉66』（Gakken）などがある。

●落丁・乱丁本はお手数ですが、インプレスカスタマーセンターまでお送りください。送料弊社負担に てお取り替えさせていただきます。但し、古書店で購入されたものについてはお取り替えできません。
■読者の窓口
インプレスカスタマーセンター
〒 101-0051
東京都千代田区神田神保町一丁目 105 番地
info@impress.co.jp

フリーランスの休みかた
仕事が減る不安から解放される41のヒント

2025年4月25日　初版発行Ver.1.0（PDF版）

著　者　曽田 照子
編集人　岡本 雄太郎
発行人　高橋 隆志
発　行　インプレス NextPublishing
〒101-0051
東京都千代田区神田神保町一丁目105番地
https://nextpublishing.jp/
販　売　株式会社インプレス
〒101-0051　東京都千代田区神田神保町一丁目105番地

印刷・製本　京葉流通倉庫株式会社
Printed in Japan

ISBN978-4-295-60379-5

NextPublishing®

●インプレス NextPublishingは、株式会社インプレスR&Dが開発したデジタルファースト型の出版モデルを承継し、幅広い出版企画を電子書籍＋オンデマンドによりスピーディで持続可能な形で実現しています。https://nextpublishing.jp/